일제의 노…

식민지 조선을 통제하다

● 문옥배 지음 ●

감동가 슬프도다! 우리 민족이여, 4천 년의 역사를 지닌 나라로 자손 대대로 전해왔는데 오늘 이 지경은 어쩐 일인가. 철사줄과 밧줄로 묶였다. 동아줄을 우리 손으로 잘라버리고 독립만세를 외치는 우리 목소리는 동해를 바꾸어 산으로 만들 것이다. 초가집 한 칸도 네 것이 아니요, 몇 마지기 땅도 네 것이 아니다.

八月二十三日 新韓民報 桑港 七月二十九日 第二七四號
同日 大道報 桑港 七月二十一日 第三卷第十二號
八月二十六日 ジャパンクロニクル 神戸 八月二十四日 第六五六七號
八月二十七日 勸業新聞 浦汐 八月十一日 第一五號
◉八月中發行不許可の出版物左の如し
不許可月日 題號 著作者 發行者 備考
八月五日 中學唱歌 李尙俊 金容俊
八月十九日 倫理小說 降仙樓 朴永運 李範贊

종로네거리 리화는 두리둥둥 하늘에 날고 닭소래 게림산천(鷄林山川)에 손허젓구나 봄이되면 거리거리에 꼿이피더니 쓸쓸타 오백년후에 종로네거리 2 아침에 량식(糧食)차저 간 참새쎄갓치 동으로 쏘 서으로 헤저가더니 십년만에 꼿한짐지고 도리를 오네 형데와 꼿송이로찬 종로네거리

동북아역사재단
NORTHEAST ASIAN HISTORY FOUNDATION

발간사

일본이 한국을 침탈한 지 100년이 지나고 한국이 일본의 지배로부터 벗어난 지 80년이 넘었건만 식민 지배에 대한 청산은 이루어지지 못하고 있습니다. 일본의 독도영유권 주장은 도를 넘어섰습니다. 일본은 일본군'위안부', 강제 동원 등 인적 수탈의 강제성도 인정하지 않고 있습니다. 일본군'위안부'와 강제 동원의 피해를 해결하는 방안을 놓고 한일 간의 갈등은 최고조에 이르고 있습니다. 역사문제를 벗어나 무역분쟁, 안보위기 등 현실 문제가 위기 국면을 맞고 있습니다.

한일 간의 갈등은 식민 지배의 역사를 어떻게 볼 것인가 하는 역사 인식에서 기인합니다. 역사는 현재와 과거의 대화이며 이를 기반으로 미래로 나아갈 수 있습니다. 과거 침략의 역사를 미화하면서 평화로운 미래를 말하는 것은 불가능합니다. 식민 지배와 전쟁 발발의 책임을 인정하지 않고 반성하지 않으면 다시 군국주의가 부활할 수 있고 전쟁이 일어날 위험성도 배제할 수 없습니다. 미래지향적 한일관계를 형성하고 나아가 동아시아의 평화와 번영의 기틀을 조성하기 위해 일본은 식민 지배의 책임을 인정하고 그 청산을 위해 노력해야 할 것입니다.

식민 지배의 역사를 청산하기 위해서는 식민 지배가 어떻게 이루어졌는지 그 실상을 명확하게 규명하는 일이 긴요합니다. 그동안 일본제 국주의에 맞서 조국의 독립을 위해 헌신한 독립운동가들의 활동을 찾아내고 역사적으로 평가하는 일에는 상당한 성과를 거두었습니다.

반면 일제 식민침탈의 구체적인 실상을 규명하는 일에는 충분한 노력을 기울이지 못했습니다. 제국주의가 식민지를 침탈했다는 것은 너무나 당연한 사실로 여겨졌기 때문에 굳이 식민 지배에서 비롯된 수탈과 억압, 인권유린을 낱낱이 확인할 필요가 없었는지도 모릅니다. 그러는 사이 일본은 식민 지배가 오히려 한국에 은혜를 베푼 것이라고 미화하고, 참혹한 인권유린을 부인하는 역사부정의 인식을 보이는 데까지 이르고 있습니다. 일제의 통치와 침탈, 그리고 그 피해를 종합적으로 조사하고 편찬할 필요성이 여기에 있습니다.

일제침탈사를 체계적으로 정리하는 일은 개인이 감당하기 어렵습니다. 이에 우리 재단은 한국학계의 힘을 모아 일제침탈사 편찬위원회를 꾸렸습니다. 편찬위원회가 중심이 되어 일제의 식민지 침탈사를 정치·경제·사회·문화 모든 방면에 걸쳐 체계적으로 집대성하기로 했습니다. 일제 식민침탈의 실체를 파악하기 위해 2020년부터 세 가지 방면으로 사업을 추진하고 있습니다. 하나는 일제침탈의 실상을 구체적이고 생생한 자료를 통해서 제공하는 일로서 〈일제침탈사 자료총서〉를 편찬합니다. 다른 하나는 이들 자료들을 바탕으로 연구한 결과물을 〈일제침탈사 연구총서〉로 간행합니다. 그리고 연구의 결과를 대중들이 이해하기 쉽게 〈일제침탈사 교양총서〉를 '바로알기' 시리즈로 간행합니다. '바로알기' 시리즈는 우리 중학교, 고등학교 학생들도 어렵지 않게 읽을 수 있도록 제작했습니다. 오랫동안 학계에서 공부해 온 전문가 선생님들이 일제 침탈과 관련된 다양한 주제를 집필해 주셨습니다. 이해하기 쉽도록 해당 주제를 사안별로 나눠 집필해서 가독성을 높였고 사진과 도표도 충분히 곁들였습니다. '바로알기' 시리즈를 통해 많은 시민과 학생들이 제국주의 일본의 한반도 침탈과 그로 인한 피해 실상을 바로 알 수 있게 되기를 바랍니다.

2025년

동북아역사재단 이사장

일제의 노래검열은 식민 지배를 위한 사상통제 도구였다

일제는 식민 지배를 위해서는 식민지에 대한 사상통제가 우선되어야 한다고 판단했다. 더하여 일제는 노래가 사상감정을 표현하고 사회성을 매개하는 사상도구로서 사회성과 대중성을 갖는다고 인식하여 식민지 조선의 노래를 통제해야 한다고 판단했다. 그리고 노래통제의 대상은 노래 자체 외에 노래책(출판물), 음반, 흥행(공연), 가창, 교수(教授), 공연예술인 등 노래와 관련한 전 영역으로 삼았다. 일제는 노래통제를 위해 관련 법률을 제정했고, 통제장치로 검열을 선택하였다. 곧 일제의 식민지 조선에 대한 노래통제는 기본적으로 검열을 통한 사상통제였고, 그 기본 틀은 치안검열(치안방해)과 풍속검열(풍속괴란)이었다.

일제가 사상통제의 도구로 활용하기 위해 실시한 노래에 대한 검열은 조선인의 의식을 통제하는 수단이 되었고, 조선을 일제가 계획하고 관리하는 사회로 만들었다. 또한 식민 지배체제의 규범·가치 등을 선택적으로 전파하도록 했다. 검열 과정에서 금지 처분을 피하기 위해서 노래 제작의 기본 원칙이 식민 지배체제의 목소리에 맞추어졌다. 이렇게 통제된 노래는 식민 지배체제의 이데올로기만을 차별적으로 생산함으로써 식민지에 대한 통제를 가능케 하였고, 검열은 식민 지배체제의 정당성을 선전하거나 비판적 내용을 제거함으로써 동조를 통한 사회적 통합을 이끄는 '조작기술장치'로서 기능하였다. 이처럼 식민 지배체제가 제도적으로 노래를 통제하는 상황에서 노래 관련 산업(출판, 음반, 흥행)의 검열은 조선인의 의식을 검열하는 식민 지배 행위였다.

일제는 노래검열에 출판법 · 보안법 · 치안유지법 · 경찰범처벌규칙 등을 적용하였고, 관련 법률로 축음기레코드취체규칙 · 흥행취체규칙 · 조선흥행등취체규칙 등을 제정하였다. 출판법은 노래텍스트를, 보안법 · 치안유지법 · 경찰범처벌규칙은 노래의 가창과 교수를, 축음기레코드취체규칙은 가요음반을, 흥행취체규칙은 흥행을, 조선흥행등취체규칙은 공연예술인을 검열하고 통제하였다.

일제 초기의 노래검열은 경찰이 담당하였으나, 노래의 사회성과 대중성을 인식하면서 검열전담기구를 조직하여 시행하였다. 음반검열 법률인 축음기레코드취체규칙은 일제하 다수 법률이 일본에서 시행된 후 식민지 조선에서 시행된 것과 달리 식민지 조선에서 먼저 제정 · 시행되었다. 일본의 음반검열 사항이 출판법 내에 속해 있었던 것에 반해 식민지 조선은 개별 법률로 그것도 '취체규칙'으로 제정하여 시행하였다. 법률상 일본의 음반검열처분은 행정처분인 것에 반해 식민지 조선은 사법처분을 포함하고 있었고, 치안방해로 금지처분된 다수 가요음반들의 사유가 민족의식 고취선동과 내선융화(內鮮融和) 저해 등이었다. 이는 음반의 대중매체성의 영향력에 대해 조선총독부의 인식이 일본 정부보다 앞섰고, 그 검열체계가 식민 지배를 위한 것이었음을 보여 준다.

조선총독부의 검열기준체계인 '일반검열표준'에 있어서도 치안방해 항목이 풍속괴란 항목보다 조항의 수가 두 배가 넘는 광범위한 검열 범위를 가졌고, 일본의 검열 기준에 없는 내선융화 저해·민족의식 앙양·조선 통치정신 배반·조선 통치상 유해 등의 내용을 포함하는 등 근본적으로 검열 목적이 사상검열에 있었고, 식민 지배에 있었음을 보여 준다.

검열 전략에 있어서는 사전·사후의 이중검열로 생산-유통-소비의 전 과정을 검열하였고, 노래텍스트 검열에서 관련 매체와 행위검열 및 인적 통제까지 관련된 전 영역에 대한 전일적 검열 전략을 취하였으며, 제도적 검열 과정 이외에 '자기검열'이라는 비제도적 사전검열체계를 구축하였다.

노래검열은 식민지 조선에 대한 문화적 지배체제 중 하나였고, 일제의 식민 지배체제에 위배되거나 가치 기준을 깨뜨리는 저항 행위의 제거 및 통제에 활용되었다. 이뿐만 아니라 노래는 전시체제하에서 검열을 넘어 국민총동원의 일환으로 국민 교화 선도와 체제 선전 선동의 도구로 동원되기도 하였다. 이는 곧 노래가 매개하고 공급하는 것이 정서가 아닌 의식 내용이라는 것을 일제가 인식한 것이고, 그들이 검열했던 것은 노래가 아닌 의식이었던 것이다.

일제의 노래검열체제는 광복 후 노래검열의 모델이었다

노래검열은 광복 후에도 계속되었다. 1948년 정부 수립 후 제1공화국

정부는 1948년 7월 17일 제정한 헌법 제1호 제28조에서 사회질서 유지를 위해 국민의 자유와 권리를 제한할 수 있는 법률 제정을 명시함으로써 검열의 법적 근거를 마련하였다. 곧 해방공간 시기의 미군정(1945~1948)과 제1공화국(1948~1960)은 문화예술 관련 법률을 제정 · 시행하였고, 그 내용에는 검열이나 통제 관련 내용들이 들어 있었는데, 그 방식은 일제강점기의 검열체제를 적용했다.

음반검열 관련 조치인 문교부의 '레코드제작 취체조치'(1949.7)와 '국산레코드 제작 및 외국 수입레코드에 대한 레코드 검열기준'(1955.10)은 일제강점기 음반검열장치인 '축음기레코드취체규칙'(1933.5)의 방식을 적용했다. 음반제작 시 노래의 가사와 악보를 사전에 제출하고 내용을 검열하는 점과 치안 및 풍속을 금지 사유로 규정한 검열 기준이 그러하였다.

공연과 공연장에 대한 관련 조치인 '극장 및 흥행취체령'(1946.2), '흥행취체에 관한 고시'(1947.1), '공연단체등록 및 공연신고제'(1950.2) 등은 일제강점기의 공연검열장치인 '조선흥행등취체규칙'(1944.5)을 포괄적으로 적용한 것이었다. 이뿐만 아니라 '무대예술인 자격심사제'(1950.2)도 '조선흥행등취체규칙' 내의 '기예자증명서제도(기예증)'를 그대로 답습한 것이었다.

문교고시 제24호의 '공연물 허가규준'(1956.7.21)은 일제하의 가요와 음반 등 저작표현물의 검열 기준이었던 '일반검열표준'(1936)처럼 공연물의 허가기준으로 14개항의 검열규준을 제시하고 있었다.

1960년대 이후 가요음반과 방송음악의 검열전담기구였던 한국방송윤

리위원회(1962.6.14. 설립)와 한국예술문화윤리위원회(1966.1.27. 설립), 공연윤리위원회(1976.5.12. 설립)의 검열체제는 일제강점기의 '축음기레코드취체규칙'과 검열기준체계인 '일반검열표준'을 모델로 삼았다. 예컨대 일제강점기의 노래금지 사유는 치안방해와 풍속괴란이었는데, 이는 광복 후 월북·왜색·저속퇴폐·표절 등으로 세분화되어 금지 사유의 구조화에 영향을 끼쳤다.

시기	일제강점기	광복 후
금지 사유	치안방해	월북
	풍속괴란	왜색, 저속퇴폐
	-	표절

노래검열과 금지 사유의 근저에 깔린 목적은 시대의 사회적·정치적 상황이 배경으로 작용하였는데, 일제강점기에는 식민 지배가, 광복 후에는 사회체제관리가 목적이었다.

미군정기와 제1공화국 초기에 국가의 제도적 장치들이 체계적으로 마련되어 있지 못했음에도 노래와 음반, 공연, 예술인에 대한 검열과 통제의 제도적 작동이 가능했던 것은 일제강점기에 검열·통제체제가 존재했고, 정부가 그것을 비판 없이 답습했기에 가능했다. 정부는 일제 잔재 청산을 외치면서 문화예술의 검열·통제방식은 일제강점기의 체제를 답습한 것이다. 일제강점기의 노래검열체제는 광복 후에도 여전히 우리 사회의 사회관리체제의 하나로 영향을 끼쳤다. 노래검열의 문제는 현재도 진행형이다. 그 영역과 방식, 사유는 변화했을지라도 여전히 우리 사회의 정치적·사회적·윤리적 쟁점 중의 하나이다. 일제의 노래검열체제는 우리 시대 노래검열 그 자체에 대해 누가(검열 주체), 왜(검열 목적), 어떻게(검열 방식과 기준)에 대해 생각할 수 있는 단초를 제공하리라 생각한다.

이 책은 일제강점기 '누가', '왜', '어떻게' 노래를 검열했는지 10개의 물음(주제)을 던지고, 그것에 답하였다. 그 답변은 조선총독부 내부문서, 적용 법률, 언론을 통해 조선총독부 스스로가 말한 것이다. 그래서 조선총독부는 그 내부문서 상당을 비밀문서화했는지도 모른다. 이 책을 통해 일제의 무형의 문화침탈이 누가, 왜, 어떻게 이루어졌는지 이해하는 데 조금이나마 도움이 되었으면 한다. 또한 법률과 전담 조직을 통해 시행할 정도로 노래검열은 일제하 식민 지배체제의 하나로 작용했음을 인식했으면 한다.

이 책은 필자의 관련 연구물을 기초로 독자가 이해하기 쉽게 읽을 수 있도록 집필한 것이다. 따라서 내용의 일부분은 필자의 연구물 중에서 차용, 가필하였음을 밝힌다.

2025년 11월

문옥배

차례

1

일제는 왜 노래를 검열했는가?

- 사상도구로서의 노래

일제는 식민지 조선의 지배를 위해 사회 전반에 걸쳐 통제정책을 펼쳤다. 그 통제는 기본적으로 사상과 치안의 통제였다. 일제는 1910년 조선 강점 이전 대한제국 황실의 안녕과 평화를 유지한다는 명분으로 1906년 통감부(統監府)를 설치하여 사실상 대한제국의 국정 전반을 장악했고, 1907년 7월 24일에는 한일신협약(정미7조약)을 체결하여 한국의 내정에 간여하는 것을 공식화하였다.

1) 식민 지배의 전제 '사상통제'

일제는 1907년 7월에는 「신문지법」(법률 제1호)과 「보안법」(법률 제2호)을 제정, 공포하여 조선 사회의 통제에 나섰다. 신문지법은 언론에 대한 사상 통제도구였고, 보안법은 사회 전반의 행위에 대한 치안·사상 통제도구였다. 1909년 2월에는 「출판법」(법률 제6호)을 제정, 공포하여 모든 출판물에 대한 사상통제를 실시하였고, 한일병합 직후인 1912년 3월에는 「경찰범처벌규칙」(조선총독부령 제40호), 1925년에는 「치안유지법」(칙령 제175호)을 공포하여 치안과 사상을 통제하였다.

일제가 통제의 목표로 삼은 것은 치안통제였다. 식민 지배를 위해서는 치안이 자신들의 의도대로 통제되는 것이 무엇보다 우선이기 때문이었다. 그리고 치안통제를 위한 전제는 사상통제였다. 식민 지배 차원에서 볼 때 불온한 사상이 치안 불안을 유발한다고 보았기 때문이었다. 즉, 생각(사고)이 행동으로 이어진다고 보아, 사상통제를 식민통제정책의 중심에 놓았고, 사상통제의 내용은 치안통제와 관계된 것이었다. 신문지법이 법률 제1호, 보안법이 법률 제2호, 출판법이 법률 제6호, 경찰범처벌규칙이 조선총독부령 제40호, 치안유지법이 일본 칙령 제175호 등의 순서로 제정된 것을 보더라도 사상 및 치안 통제의 중요성과 관계성을 알 수 있다. 이뿐만 아니라 1936년 8월 「불온문서임시취체령」(제령 제13호), 1936년 12월 「사상범보호관찰령」(제령 제16호) 등도 일제가 사상통제를 얼마나 중요시하였는지 알 수 있는 것이기도 하다.

일제는 노래를 사상통제의 영역으로 인식하여 각 법률에서 노래 관련 출판물과 행위를 검열하고 통제하였다. 근대에 서양식 노래는 창가(唱歌)라 불렸는데, 그중에는 민족의 독립과 민중계몽을 주장하는 내용의 창작 창가들이 있었다. 이러한 내용의 창가를 일제는 불온한 사상의 노래, 즉 불온창가로 보았고, 이것이 사회에서 널리 불릴 때 치안을 불안하게 할 수 있다고 보았다. 때문에 불온창가의 출판과 반포는 출판법에 의해 검열, 금지하였고, 불온창가를 가르치거나 부르는 행위는 보안법 위반으로 처분하였다. 다음은 불온창가를 가르친 행위가 보안법 위반으로 처분된 사례로, 강원도 경무부장의 보고 요지(1918. 6. 12)이다.

> 강원도 이천군(伊川郡) 웅탄면(熊灘面) 평리(坪里) 서당 교사 이면석(26세)이 평리 서당 생도에게 불온한 창가를 교수하고 있던 사실을 발견하여 관할 이천헌병분견소에서 취조한바, … 올해(1918년) 1월 13일 평리서당 교사로 취직하자 불온사상 고취 목적으로 이 창가를 교수하고 있던 것이 판명되었다. … 이면석은 5월 18일 보안법 위반 및 총포화약단속령 위반으로 관할 검사에게 송치했다. 불온창가 중 〈감동가〉를 번역하면 별지와 같다. 이상

감동가

슬프도다! 우리 민족이여, 4천 년의 역사를 지닌 나라로
자손 대대로 전해왔는데 오늘 이 지경은 어쩐 일인가.
철사줄과 밧줄로 묶였다. 동아줄을 우리 손으로 잘라버리고
독립만세를 외치는 우리 목소리는 동해를 바꾸어 산으로 만들 것이다.
초가집 한 칸도 네 것이 아니요, 몇 마지기 땅도 네 것이 아니다.
억울한 모욕도 갚을 수 없고 무자비한 구타도 참아내며
눈을 들어 보라, 삼천리강산에 가득 찬 것은
우리 부모의 탄식이요, 우리 학도의 눈물이다.
금수강산은 빛을 잃고 광명일월은 몽롱하다.
누구의 탓인가, 탐구하라, 너의 죄와 나의 죄로 말미암은 것이다.
남산의 초목도 눈이 있다면 비참한 눈물을 흘릴 것이며
동해의 물고기도 마음이 있다면 우리와 같이 슬퍼하리라.

만약에 벌레 한 마리도 밟히면 죽기 전에 한 번은 움직일 것이며

만약에 작은 벌도 네가 때린다면 반드시 너를 찌른 후 죽을 것이다.

사랑하는 우리 형제여, 잠에서 깨어나

우리 마음에 나태한 습관과 나약한 사상을 단칼에 모두 베어버리자.

사랑하는 우리 청년이여, 죽어도 살아도 우리 몸으로 와신상담을 잊지 말자.

우리 국권을 회복하자.

독립 깃발 자유종을 치는 날, 부모의 탄식은 웃음으로 바뀌리.

대한반도 광명천지 건국의 영웅은 우리들이 아니겠는가.

-「학교 교사의 불온 교수와 처분(學校教師ノ不穩教授ト處分)」, 강원도 경무부장 보고 요지(警務部長 報告要旨) 高第15735號 秘受11238號『불령단관계잡건 조선인의 부-재내지 2(不逞團關係雜件 朝鮮人ノ部在內地二)』, 1918.

2) 사상도구로서의 노래인식

일제는 노래를 사상감정의 표현이고, 사회를 매개하는 '사상도구'로 보았다. 조선총독부 경무국(警務局) 소속 왕차산(王此山)은 조선총독부 기관지인 『경무휘보(警務彙報)』(1934)에 발표한 글에서 당시 가요를 검열해야 하는 당위성을 다음과 같이 말하고 있다.

가요란 동일 민족의 사상감정을 같이하는 사람들 사이에서 발호된 정서의 표현이다. … '가요는 사회의 반영'이라고 보통 말해지고 있다 … 민정 시찰에서 가요는 이만큼 중요하고 긴요한 것이다. 특히 조선에서는 과거부터 민요, 동요에 무게를 두고, 세상이 변해 사변이 있을 때에 예언과

같이 가요로 민중 심리를 충동시키는 습관이 있었다. … 최근 일대 사건이었던 1919년(다이쇼 8) 만세 소요(3·1만세운동을 말함-필자) 직전에도 변함없이 가요가 많이 유행했다. 그리고 당시 누구도 이러한 가요를 염려해 연구하지 않았다. 가요가 민중의 사상이고 사회의 목소리인 이상 사상 취체를 해야 하는 것은 결코 그것을 소홀히 해 버릴 수 없다고 생각하기 때문이다.

- 왕차산(王此山), 1934. 4, 「가요에 흐르는 사상(歌謠から流る>思想)」, 『경무휘보』 第336號, 조선총독부 경무국 내 조선경찰협회(朝鮮總督府警務局內 朝鮮警察協會), 56~60쪽.

노래에 대해 사상감정 공유자들의 정서 표현, 사회의 반영, 민중의 사상, 사회의 목소리 등으로 표현한 점에서 노래를 '사회적 생산물'로 인식하고 있음을 읽을 수 있다. 이 글을 통해 조선총독부가 노래에 대해 어떠한 인식을 가졌고, 왜 노래를 검열하게 되었는지 알 수 있다.

일제는 노래 관련 출판물로 노래책 외에 가요음반도 검열하였다. 조선총독부의 음반검열 부서인 도서과(圖書課)의 검열관 오카다 준이치(岡田順一)는 가요음반의 검열 배경에 대해 다음과 같이 말하였다.

음악을 가장 대중적이고 보편적으로 보급하는 기관(機關)은 실로 축음기 레코드이다. 현재 전 조선(全鮮)에서 레코드의 판매고가 1년에 2백만 매에 달한다고 일컬어지는 것을 보더라도 명확하다. … 종래 레코드는 취미, 오락을 본위로 하는 음악, 가요 등에 한정된 감이 있었지만, 문화의 진보에 따라 그 내용도 두드러지게 진전(進轉)해 왔고…. 레코드 중에는 사상적, 민족적 색채를 담은 것이 많아지고, 비속(卑俗)한 가요를 취입한 것이 출반되고 있으며, 가두에서 연주되거나 혹은 가정에 선전용으로 제공되어 선량한 질서풍속을 어지럽히는 등 그 취체를 소홀히 할 수 없게 되었다.

- 오카다 준이치(岡田順一), 1933. 6, 「축음기레코드 취체에 대하여(蓄音機'レコード'取締に就いて)」, 『경무휘보(警務彙報)』 第326號, 142쪽.

오카다는 음반이 오락물이라면 문제가 없지만, 반사회성(사상적, 민족적 색채)과 비도덕성(비속함)을 담고(매개) 있는 경우가 있어 검열해야 한다고 말하는 것이다.

조선총독부 경무국도 내부 비밀문서인 『조선경찰개요(朝鮮警察概要)』(1941)에서 가요음반의 취체 배경을 다음과 같이 밝히고 있다.

> 축음기레코드는 종래 경찰 시찰의 권외에 있어 그다지 중요하게 여겨지지 않았지만, 레코드의 수효가 매년 현저하게 증가하고, 그 속에서 주의사상 선전을 위해 사용되어지거나 치안풍속을 해하는 듯한 것들이 발견되어 레코드 취체를 소홀히 처리할 수 없는 상세(狀勢)에 이르게 되었다.

- 조선총독부 경무국(朝鮮總督府警務局), 1941, 「축음기레코드의 취체(蓄音機レコードの取締)」, 『조선경찰개요(朝鮮警察概要)』, 94쪽.

조선총독부가 가요음반을 검열하게 된 배경은 조선 사회가 대중사회로 변화되고 대중문화가 전개되면서 대중매체인 음반 콘텐츠에서 조선의 민족의식(정서)의 함양과 현 사회체제에 대한 비판 등 식민 지배에 장애가 되는 내용이 나타났기 때문이었다. 곧 조선총독부는 대중가요가 가진 '사회적 매개성'을 인식했고, 음반의 대중화로 가요 보급이 확대되면서 그 '대중적 영향력'을 우려했던 것이다. 당시의 잡지에 실린 기사는 가요음반이 조선 사회에 얼마나 대중화되었는지를 보여 준다.

6대 회사 레코-드전(戰)

레코드의 홍수이다. 레코드 예술가의 황금시대이다. 레코드 외에는 오락을 갓지 못한 중산가정에서는 찻느니 레코드뿐이다. 콜넘이아 빅타만이 접전을 하든 때는 그야 말맛다나 한 옛날 이약이거리로밧게는 남지를 안케 되얏다. 전선(全鮮) 300이 넘는 대소(大小) 축음기점에서 매삭(每朔) 각 사(各社)가 적어도 50종에 갓가온 신보를 내놋컷만 그것이 한 가지에 1,000매 2,000매가 손쉽게 팔녀간다.

- 초병정(草兵丁), 1933. 10, 「6대 회사 레코-드전(戰)」, 『삼천리』 제5권 제10호, 34~36쪽.

일제는 식민 지배에 대한 저항행위 또는 저항세력의 제거를 위해 식민지 조선에 대한 통제제도를 운용하였다. 일제의 통제는 사회 각 분야에 걸쳐 광범위하게 행해졌고, 노래 역시 그 대상에서 벗어나 있지 않았다.

조선총독부의 검열관이 말했듯이 일제는 노래의 내용이 식민 지배체제에 위배되거나 가치 기준을 깨뜨리는 것이 있다고 판단하여 노래에 대한 관리 · 감시의 필요성을 갖게 되었고, 그 장치로 검열과 단속 등의 통제를 선택한 것이다.

일제는 노래에 대해 검열과 단속의 법률 제정과 전담기구 설치, 노래집과 가요음반의 검열을 통한 발매금지와 압수(차압) 및 처벌을 통한 가창통제 등을 시행하였다. 노래에 대한 검열과 단속의 범위는 노래, 노래책, 가요음반, 가창행위 등 노래 관련 전 영역에 걸쳐 있었다.

2

일제의 노래검열은 누가(기구) 담당했는가?

- 경찰검열에서 전담기구검열로

일제는 노래검열을 사상과 치안의 차원에서 다루면서 검열을 위한 전담기구를 조선총독부 내에 설치, 운영하였다. 식민지 조선의 노래검열을 담당했던 기구는 시기별로 변화하였는데, 조선총독부 경무총감부(警務総監部) 고등경찰과(1910~1919), 경무국 고등경찰과(1919~1925), 경무국 도서과(1926~1943), 경무국 보안과(1943~1945), 경무국 검열과(1945) 등이었다. 강점 초기의 노래검열은 경찰에서 담당했으나, 노래와 가요음반에 대한 통제의 중요성을 인식하면서 조선총독부 내에 검열전담기구를 설치하여 운영한 것이다.

노래검열을 담당했던 경찰과 전담기구는 노래 외에도 문화예술 전반에 대한 검열을 담당했다. 고등경찰과에서 문화예술 검열을 담당했던 1910~1920년대 전반에는 검열대상이 출판물 중심이었던 것에 반해, 검열전담기구인 도서과에서 문화예술 검열을 담당했던 1920년대 중반 이후에는 검열대상이 출판물(신문, 잡지, 일반 출판물) 외에 영화·음반 등 문화예술 영역 전반이었다. 즉, 검열기구의 변화는 검열대상인 출판물·음반·영화 등 대중문화의 시기별 부흥과 관련되었다.

1) 조선총독부 고등경찰과(1910 ~1925)

1910년 한일합병 후 출판물의 검열을 담당했던 조직은 조선총독부 경무총감부였다. 1910년 10월 1일에 제정된 조선총독부 훈령 제4호「조선총독부 경무총감부 사무분장규정」에 따라 경무총감부의 조직은 서무과·고등경찰과·경무과·보안과·위생과 등 5개 과로 구성되었고, 출판물에 대한 검열은 고등경찰과에서 담당하였다. 고등경찰과는 산하에 기밀계와 도서계를 두었고, 신문·잡지·일반 출판물 및 저작물에 대한 검열은 도서계에서 담당하였다.

1919년 8월 20일 개정된 조선총독부 훈령 제30호「조선총독부 사무분장규정」에 따라 경무총감부는 경무국으로 개편되었고, 경무국은 산하에 경무과·고등경찰과·보안과·위생과의 4개 과를 두었다. 경무국 산하 부서 중 신문·잡지·일반 출판물 및 저작물의 검열과 허가는 고등경찰과에서 다루었고, 검열업무는 고등경찰과의 도서계에서 담당하였다. 경무국 고등경찰과 시기(1919~1925)는 1919년 3·1운동을 계기로 일제가 '무단통치(武斷統治)'에서 '문화통치(文化統治)'로 전환한 시기였고, 경찰제도는 '헌병경찰제'에서 '보통경찰제'로 전환한 시기였다.

조선총독부의 검열업무가 본격화된 것은 조선어신문의 창간이 한몫을

하였다. 경무총감부 고등경찰과 시기(1910~1919)는 무단통치 시기로 대한제국 시기에 발행되던 민족신문이 모두 폐간되었고, 조선총독부 기관지인 『매일신보(每日申報)』가 유일한 조선어신문이었다. 그러나 1920년 1월 조선총독부는 민간 조선어신문 발행을 허가하였고, 이후 『조선일보』(1920.3.5), 『동아일보』(1920.4.1), 『시사신문』(1920.4.1)이 창간되자 검열의 필요성이 대두된 것이다.

고등경찰과에는 일본인과 조선인이 근무하였는데, 조선어신문과 잡지의 검열은 일본인 경찰이 맡았고, 출판법에 의해 간행되는 단행본과 잡지의 검열은 조선인 경찰이 맡았다.

이 시기의 노래검열 대상은 노래책(창가집, 가요집)이었다. 아직 음반산업이 활성화되지 않은 관계로 음반은 검열대상이 아니었다. 노래책은 인쇄출판물이었기에 출판법과 출판규칙(통감부령 제20호, 1910.5)의 적용 대상이었다.

2) 조선총독부 경무국 도서과(1926~1943)

1926년 4월 24일 개정된 조선총독부 훈령 제13호 「조선총독부 사무분장규정」에 따라 조선총독부 경무국은 고등경찰과를 폐지하고 보안과의 기능 조정과 함께 도서과를 신설하는 조직 개편을 단행하였다. 이에 따라 경무국은 경무과 · 보안과 · 도서과 · 위생과 등 4개과 체제로 바뀌었다. 신설된 도서과는 검열업무를 담당했던 고등경찰과의 도서계가 확장, 독립된 것으로 출판경찰업무의 강화를 의미하는 것이었다. 도서과는 신문 · 잡지 · 일반 출판물 · 저작물 · 음반 · 영화 · 흥행(공연) 등 문화예술 전 영역의 검열을 맡았다. 곧 도서과의 설치는 식민지 조선의 문화예술 검열에 있어 전환점이라 할 수 있다.

경무국의 고등경찰과는 폐지되었으나, 각 도 경찰부의 고등경찰과는 존속되었고, 각 지방의 검열 현장집행을 수행하였다. 이에 따라 경무국 도서과는 직접검열과 검열교육 및 지도를 하는 상부기관으로, 각 도 경찰부의 고등경찰과는 검열의 현장 단속을 수행하는 하부기관으로 작동하는 틀이 구축되었다. 도서과 직원들은 각 도 경찰부 검열 관계관을 소집, '출판검열사무협의회'를 개최하여 검열 담당자의 교육과 사무협의를 하였고, 각 도에 출장하여 검열업무를 지휘하였다.

도서과의 신설은 1920년대 문화예술계 상황과 관계되어 있다. 1920년대 중반 들어 식민지 조선은 출판물이 증가하고, 특히 영화의 활성화로 그 사회적 영향이 커지면서 영화검열의 필요성이 제기되었다. 당시에는 영화검열에 대한 규정이 없었으며, 흥행 단속의 수단으로 각 도에서 검열을 행하기만 했을 뿐이었다. 이에 조선총독부는 1926년 7월 5일 조선총독부령 제59호로 「활동사진필름검열규칙(活動寫眞フィルム檢閱規則)」을 제정하여 영화만을 전문적으로 다루는 영화검열제도를 시행하였다. 곧 도서과의 신설은 출판물의 증가 외에도 영화검열 부분이 작용 요인 중의 하나였다.

1930년대 들어서 한국 내 음반산업이 활성화되자 조선총독부는 도서과의 업무에 음반 관련 검열업무를 추가하였다. 종래 음반은 그다지 중요하게 여겨지지 않아 경찰 시찰의 권외에 있었고, 검열 및 단속 법률도 없어 편의처분(便宜處分)으로써 연주와 배포를 저지하는 정도였다. 그러던 것이 매년 음반의 수효가 현저하게 증가하고, 그 내용에서 주의사상 선

전 등 치안과 풍속을 해하는 것들이 발견되자 취체를 소홀히 처리할 수 없는 상태에 이르게 된 것이다. 이에 조선총독부는 1933년 5월 22일 「축음기레코드취체규칙(蓄音機レコード取締規則)」(조선총독부령 제47호)을 제정하여 6월 15일부터 검열과 단속을 시행하였다.

도서과는 부서 신설 이전인 도서계의 관장 업무였던 신문·잡지·일반 출판물 외에 영화와 음반의 검열업무까지 담당하였기 때문에 대중문화 업무를 총괄하는 기구였다. 즉, 고등경찰과의 검열업무가 출판물 중심이었다면, 신설된 도서과의 검열업무는 음반과 영화까지 영역이 확대된 것이었다. 도서과에는 영화와 음반 등의 검열만 담당하는 전문검열관이 있었다. 일제강점기 대중문화의 검열체제는 바로 도서과가 설치되면서 체계성을 갖추기 시작한 것이다.

출판물·영화·음반의 검열은 조선총독부의 전국 도 경찰부장회의에서 주요 지시사항에 포함될 정도로 중요시되었다. 1933년 4월 17일, 전조선 경찰부장회의의 총독 지시사항으로 도서과는 출판물의 취체, 불온 축음기레코드의 취체, 소형필름의 검열, 발성필름의 실지상영 취체 등을

〈표 1〉 조선총독부 문예검열기구 흐름표(1910~1945)

<table>
<tr><td rowspan="2">부서</td><td>경무총감부</td><td colspan="4">경무국</td></tr>
<tr><td>고등경찰과</td><td>고등경찰과</td><td>도서과</td><td>보안과</td><td>검열과</td></tr>
<tr><td>기간</td><td>1910~1919</td><td>1919~1925</td><td>1926~1943</td><td>1943~1945</td><td>1945</td></tr>
<tr><td>주요 법규</td><td colspan="2">• 보안법(1907)
• 출판법(1909)
• 출판규칙(1910)
• 경찰범처벌규칙(1912)</td><td colspan="3">• 흥행장급흥행취체규칙(1922)
• 축음기레코드취체규칙(1933)
• 조선흥행등취체규칙(1944)</td></tr>
<tr><td>대상</td><td colspan="2">신문·잡지·일반 출판물·저작물</td><td colspan="3">신문·잡지·일반 출판물·저작물·음반·영화·흥행</td></tr>
</table>

하달하였고, 1939년 4월 24일에 열린 도 경찰부장회의에서도 32개의 지시 주의사항에 출판물 · 음반의 취체와 출판경찰의 기능확충 등이 포함되어 있었다.

1926년 4월 도서과가 신설되었을 때의 인력은 10명에서 시작하여 1929년 22명, 1937년 31명, 1942년에는 37명으로 증가하였다. 이는 시간이 지남에 따라 대중문화 검열업무가 확대되고 조선총독부가 이를

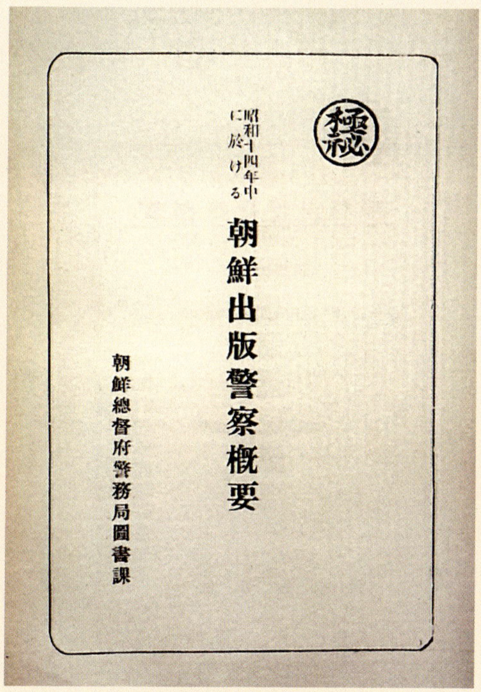

〈그림 1〉 '극비(極祕)'가 찍힌 『조선출판경찰개요』 표지

출처: 조선총독부 경무국 도서과(朝鮮總督府警務局圖書課), 1940, 『조선출판경찰개요(朝鮮出版警察概要)』.

중요시 여기게 되었음을 의미한다. 도서과는 서무계·일본어 1~2계·조선어 1~2계로 구성되었는데, 조선인 검열관은 한국어 단행본을 다루는 조선어 2계에만 배치되었고, 조선어 1계는 조선어 신문과 잡지를 담당하였다.

도서과는 1927년부터 그동안의 검열자료를 정리하여 연보나 자료집으로 간행하였고, 표지에 '秘(비)' 또는 '極祕(극비)'를 찍어 비밀자료로 분류, 관리하였다. 1931년에는 1926년 8월부터 1927년 7월까지 도서과의 영화 검열 내용을 정리한 『활동사진필름검열개요(活動寫眞フイルム檢閱概要)』를 발행하였고, 1928년 8월부터는 『조선출판경찰월보(朝鮮出版警察月報)』를 발행하기 시작했다. 또한 1930년대 후반 들어서는 검열업무 외에도 관계 분야의 관변조직 결성과 체제선전에도 관여하였다.

1941년 태평양전쟁의 전개로 전시상황이 되자 조선총독부는 1943년 12월 1일 도서과를 폐지하고 출판물·영화·음반 등의 검열업무를 '보안과'로 이관하였으며, 1945년 4월 17일에는 '검열과'를 신설하여 대중문화에 대한 검열을 담당케 하였다. 전시상황에 따른 보다 강화된 검열을 위한 조치였다.

3

일제는 노래텍스트를 어떻게 검열했는가?

- 출판법(1909)

근대에 창작된 노래가 대중에게 알려지는 방식은 구전으로 전파되는 것, 텍스트로 출판되어 전파되는 것, 음반으로 출반되어 전파되는 것 등이었다. 일제는 각기 다른 노래 전파방식에 대해 각각의 법률을 적용하여 통제하였는데, 텍스트인 노래책과 문서로 전파되는 방식은 출판법의 대상이었다.

1) 출판법에 의한 노래책 검열

출판법은 발매·반포를 목적으로 발행되는 일체의 문서와 도서를 대상(제1조)으로 하는 법률로, 1909년 2월 23일 대한제국 법률 제6호로 제정, 공포되었다. 일제의 통감부 영향 아래서 일본의 출판법(1893, 법률 제15호)을 적용하여 제정한 것으로, 한국인에 대한 사상통제를 목적으로 제정된 것이었다. 따라서 대한제국 시기에 제정되었음에도 식민지 시기 내내 그대로 적용되었다.

총 16조로 구성된 출판법에는 출판의 허가, 검열 및 처벌 등 취체와 관계된 내용이 수록되었다. 즉, 출판물의 출판 전 사전허가(제2조)와 반포 전 납본(제5, 6조)의 의무규정은 출판물의 사전검열제도였다. 출판물의 사전허가 절차는 원고의 사전검열을 의미하는 것으로, 사전검열(허가 과정)에서 기준을 통과하지 못한 원고는 출판할 수 없었고, 발행허가를 위반한 출판물에 대해서는 발매 또는 반포를 금지하고 그 판(版)과 인본(印本)을 압수할 수 있도록 하였다(제11, 12, 13조). 또한 법 제정 이전에 간행된 출판물이라도 안녕질서를 방해하거나 풍속을 괴란할 염려가 있을 때에는 발매·반포를 금지하고 압수할 수 있도록 하였다(제16조).

노래책의 출판 행위도 출판 전 당국의 사전검열을 받아야 했고, 검열 내용은 가사였다. 검열을 통과하지 못한 노래책은 발행과 발매·반포가 금지되었으며, 이를 위반했을 경우 경찰서에 연행되어 사법처분을 받았다. 또한 사전검열 과정에서 통과를 전제로 내용의 삭제와 수정을 받기도 하였다.

노래책뿐만 아니라 가요음반 출반 시 수록되는 가사지인 음반해설서도 검열 대상이었다. 출판법 제1조에 기계와 기타 여하 방법을 물론하고 발매 또는 반포로 목적을 삼는 문서와 도서를 인쇄함을 출판이라 규정하고 있었기 때문이었다. 당시 검열된 음반해설서의 몇 년간 통계를 살펴보면, 1935년 12,259건, 1936년 13,167건, 1937년(1~10월) 13,526건 등이었다.

노래책의 검열 기준은 국교(國交)를 저해하거나 국헌(國憲)을 문란하게 하는 것, 외교와 군사의 기밀에 관한 것, 안녕질서(치안방해)를 방해하거나 풍속을 괴란하는 것 등이었다(제11조). 이는 검열 기준의 대기준으로, 원고검열 과정에서는 세부적인 검열 기준이 적용되었다. 세부적인 검열 기준은 조선총독부 출판경찰 내부의 비밀 영역에 속했고, 조선총독부 검열 담당 부서가 작성한 내부용 비밀문서에만 수록되었다.

노래책의 출판금지는 책에 수록된 노래의 금지를 의미하였다. 즉, 노래의 가창(공연)금지를 의미하였다. 물론 수록된 모든 노래가 금지곡이 되는 것은 아니었지만, 노래책의 출판 · 발매 · 반포의 금지로 인해 금지처분되지 않은 노래까지 피해를 입게 되는 것이었다. 때문에 노래책에 대한 출판법의 의미는 단순히 책의 통제 법률이 아닌 노래 자체의 통제제도였다.

출판금지의 사유는 '치안방해'와 '풍속괴란'이었는데, 일제강점기 전 시기를 통틀어 금지처분된 노래책은 풍속괴란에 비해 치안방해가 훨씬 많았다. 그뿐만 아니라 조선총독부 경무국 도서과장 곤도(近藤)에 의하면, 금지처분된 일반 출판물의 사유도 일본은 풍속괴란이 많은 반면 조선은 치안방해가 많았다(『조선일보』 1927. 11. 18). 이는 일제의 출판물검열과 노래검열이 식민 지배 차원에서 이루어졌음을 의미하는 것이다.

일제는 출판물에 대해 일본인과 한국인에게 법률을 달리 적용하여 차별하였다. 한국인 발행의 출판물은 출판법을, 일본인 발행의 출판물은 출판규칙을 적용하였다. 일본인 출판물은 단지 제출만 하면 되는 '신고제'였던 반면, 한국인 출판물은 사전검열을 받아야 하는 '허가제'였다. 한국인 출판물의 적용 법률이 훨씬 까다로워 통제에 그 목적이 있었음을 알 수 있다.

〈표 2〉 조선총독부에 의해 처분(삭제, 차압, 금지)된 노래책

저자	서명	출판 사항	처분 일자	처분 사유(결과)
이성식	중등창가	황성서적업조합, 1910	1910.04.15	비밀출판(압수)
이기종	악전교과서	황성서적업조합, 1910	1910.04.20	비밀출판(압수)
윤치호 역술	찬미가	광학서관, 1905	1912.02.07	치안방해(압수)
-	신편창가	-	1912.05.13	치안방해(차압)
-	창가	-	1912.05.13	치안방해(차압)
이상준	중학창가	김용준	1912.08.05	발행불허
명동예수교 학교	신찬(新纂)창가집	명동예수교학교, 1913	1913.10.08	발매반포금지
한영서원	창가집	한영서원, 1915	1915.11.13	불온서적
-	가곡집	허대전, 1925	1928.03.14	치안방해
독고선 편	가요곡찬집(撰集) 제1집	창문당서점, 1928	1928.11.20	치안방해(삭제)
조선동요 연구협회 편	조선동요선집	박문서관, 1929	1929.01.09	치안방해(삭제)
-	청춘남녀현대일선(日鮮)창가	김동진	1930.06.09	치안방해(삭제)
-	새노래	조선예수교장로회, 1930	1930.08.30	치안방해(비밀출판)
이상준	풍금독습중등창가집	삼성사, 1929	1930.08.08	치안방해
김기주 편	조선신동요선집 제1집	동광서점, 1932	1931.03.19	치안방해(삭제)
핸드포드 편	정선조선가요집 제1집	조선가요연구사, 1931	1932.01.00	치안방해
-	불별: 푸로레타리아동요집	중앙인서관, 1931	1933.05.18	치안방해
강의영	20세기 신청년 삼천리창가집	영창서관, 1932	1934.10.22	출판법(차압)
-	신유행(三友) 창가집	영창서관, 1932	1934.10.29	출판법(차압)
홍성은	동요	1935	1935.04.22	출판법(차압)
신태삼	메-데의의(意義) 附메-데가	홍문서관, 1930	1935.08.30	치안방해(차압)
안익태	대한국 애국가	미국상항(桑港)재한인동민회	1937.03.04	치안방해
한석원	소년소녀가극집 제1집	영창서관, 1924	1937.01.15	치안방해
한석원	소년소녀가극집 제2집	영창서관, 1927	1937.02.14	치안방해(차압)
-	가곡집 제1집*	1937	1937.07.16	치안방해(차압)
강신명	아동가요곡선 삼백곡	농민생활사, 1936(초판)	-	치안방해
현제명	현제명작곡집 제1집	한규상, 1931	1938.05.14	치안방해

노익형	최신유행 길경(桔梗)타령창가	1938	1938.12.00	치안방해(삭제)
노영호 편	근화창가 제1집	근화사, 1923	1939.12.01	치안방해
장경운	청년노래가락창가	1937	1938.09.20	풍속괴란
김재덕	강남제비창가집	1935	1939.05.19	치안방해
김재덕	서울타령창가집	1935	1939.05.19	풍속괴란
김준환	청년남녀 삼천리신창가집	1934	1939.06.12	풍속괴란
김동진	현대유행 팔도명창가시집	덕홍서림, 1934	1939.07.29	치안방해
신태삼	모던서울창가집 (5대레코드취입최신유행가)	세창서관, 1937	1939.08.04	치안방해
강의영	특별 무궁화창가집	영창서관, 1935	1940.02.17	치안방해
강하형	최신유행 방아타령창가	태화서관, 1932	1940.02.17	치안방해
김재덕	조선행진곡창가집	1935	1940.04.16	치안방해

출처: 朝鮮總督府 警務摠監部, 1912.3, 「押收出版物一覽表」, 『警務月報』 第21號; 朝鮮總督府 警務摠監部, 1912.4, 「2月中 押收處分」, 『警務彙報』 第23號; 朝鮮總督府 警務摠監部, 1912.6, 「5月中 差押處分に附したる出版物左の如し」, 『警務彙報』 第26號; 朝鮮總督府 警務摠監部, 1912.9, 「8月中 發行不許可の出版物左の如し」, 『警務彙報』 第32號; 朝鮮總督府, 1915, 「發賣頒布禁止圖書」, 『敎科用圖書一覽』 改訂9版; 京畿道 警務部報告, 1915.11.13, 「不穩者發見處分1件」, 『警高機發』 第527號; 朝鮮總督府 警務局 圖書課, 1928.11, 「不許可差押及削除出版物目錄」, 『朝鮮出版警察月報』 第3號; 朝鮮總督府 警務局 圖書課, 1929.1, 「不許可差押及削除出版物目錄」, 『朝鮮出版警察月報』 第5號; 朝鮮總督府 警務局 圖書課, 1930.7, 「不許可差押及削除出版物目錄」, 『朝鮮出版警察月報』 第22號; 朝鮮總督府 警務局 圖書課, 1930.9, 「不許可差押及削除出版物目錄」, 『朝鮮出版警察月報』 第24號; 朝鮮總督府 警務局 圖書課, 1931.5, 「不許可差押及削除出版物目錄」, 『朝鮮出版警察月報』 第31號; 朝鮮總督府 警務局 圖書課, 1934.11, 「朝鮮文出版物差押目錄」, 『朝鮮出版警察月報』 第74號; 朝鮮總督府 警務局 圖書課, 1935.5, 「朝鮮文出版物差押目錄」, 『朝鮮出版警察月報』 第80號; 朝鮮總督府 警務局 圖書課, 1935.9, 「朝鮮文出版物差押目錄」, 『朝鮮出版警察月報』 第84號; 朝鮮總督府 警務局 圖書課, 1937.2, 「出版物差押目錄」, 『朝鮮出版警察月報』 第101號; 朝鮮總督府 警務局 圖書課, 1937.8, 「出版物差押目錄」, 『朝鮮出版警察月報』 第107號; 朝鮮總督府 警務局 圖書課, 1938.12, 「出版物禁止要項-安寧禁止-削除處分」, 『朝鮮出版警察月報』 第123號; 朝鮮總督府 警務局, 1941, 『朝鮮總督府 禁止單行本目錄』.

* 『가곡집 제1집』은 처분 내용의 발표 문서인 조선총독부 경무국 도서과, 1937.8, 「출판물차압목록(出版物差押目錄)」, 『조선출판경찰월보(朝鮮出版警察月報)』 第107號에 1937년 7월 11일에 출판된 것으로 되어 있으며, 저자 및 출판사에 대한 기록은 없다. 추정되는 노래책은 1937년 7월 11일에 출판된 동명(同名)의 노래책인 조선문예회 발행의 『가곡집 제1집』인데, 조선문예회는 조선총독부가 관여한 대표적 친일단체였다.

2) 노래책의 금지처분 사례

출판금지된 노래책과 그 속에 포함된 노래의 내용을 사례로 살펴보자.

1905년 윤치호 역술(譯述)의 찬송가집인 『찬미가』(광학서관)는 1912년 2월 7일 처분 사유 '치안방해'로 압수처분되었다. 『찬미가』의 내용을 살펴 보면, 총 15곡 중 제1장 〈우리 황상 폐하〉(Korea), 제10장 〈승자 신손 천만년은〉(Patriotic Hymn No. Ⅲ), 제14장 〈동해물과 백두산이〉(Patriotic Hymn) 등 한국인 작사의 '애국찬송가' 3곡이 수록되어 있어 처분받은 것으로 보인다. 이 찬송가 3곡의 특징은 애국적 가사의 내용으로, 황제를 중심으로 한 상징적인 애국심이 나타난다.

제1장 〈우리 황상 폐하〉

1 우리황상폐하 텬디일월갓치 만수무강
산놉고물고흔 우리대한뎨국 하나님도으사 독립부강

2 길고긴왕업은 룡흥강푸른물 쉬지안틋
금강쳔만봉에 날빗찬란함은 태극긔영광이 빗춰난듯

3 비단갓흔강산 봄꼿가을달도 곱거니와
오곡풍등하고 금옥구비하니 아셰아락토가 이아닌가

4 이쳔만동포난 한맘한뜻으로 직분하세
사욕은바리고 충의만압셰워 님군과나라를 보답하셰

제10장 〈승자 신손 천만년은〉

1 승자신손 천만년은 우리황실이오

산고슈려 동반도난 우리본국일세

2 애국하난 열심의긔 북악갓치놉고

충군하난 일편단심 동해갓치깁허

3 이천만인 오즉한맘 나라사랑하야

사롱공상 귀천업시 직분만다하세

4 우리나라 우리님군 황천이 도으사

국민동락 만만세에 태평독립하세

(후렴)

무궁화 삼천리 화려강산

대한사람 대한으로 길이 보전하세

제14장 〈동해물과 백두산이〉

1 동해물과 백두산이 말으고달토록

하나님이 보호하사 우리대한만세

2 남산우헤 저소나무 철갑을두른 듯

바람이슬 불변함은 우리긔상일세

3 가을하날 공활한대 구름업시놉고

밝은달은 우리가슴 일편단심일세

4 이긔상과 이마음으로 님군을섬기며

괴로오나 질거우나 나라사랑하세

(후렴)

무궁화 삼천리 화려강산

대한사람 대한으로 길히 보전하세

1923년 노영호(盧永鎬)가 펴낸 『근화창가(槿花唱歌) 제1집』(근화사)은 1939년 12월 1일 '치안방해' 사유로 금지되었다. 세부 사유는 수록곡 7곡 중 〈조선의 자랑〉·〈을지문덕〉·〈강감찬〉 등 민족정서가 반영된 창가가 실려 있어 처분된 것으로 보인다.

〈조선의 자랑〉

1 장하고도 아름답다 무궁화벌판
금수강산 삼천리는 우리집이요
성자신손 이천만은 우리결에며
반만년의 긴역사는 우리빗칠세
2 육대주(六大洲)의 곳곳까지 두루차지며
오대양(五大洋)을 속속드리 뒤저보아도
산고하며 수려하야 세계공원은
삼천리의 금수강산 하나뿐일세
3 십육억의 세계인종 취입식히고
모든질문 가진시험 대해보아도
슬긔잇고 쪽쪽하야 문명인종은
이천만의 우리민족 하나뿐일세
4 이세상의 웬갓서책 한 대모으고
이리찻고 저리뒤저 암만보아도
오래되고 거륵하야 세계웃듬은
반만년의 빗난역사 하나뿐일세

〈을지문덕〉

1 절인(絶人)하는 지용(智勇)과
종횡(縱橫)하는 기책(奇策)이
삼천만의 수군을
살수에서 깨치니
장하도다 그공이여
아아 을지문덕

2 고구려의 국운을
위기에서 구하고
막강하든 중국에
치명상을 냇스니
위대하지 안할소냐
아아 을지문덕

〈조선의 자랑〉은 '무궁화', '금수강산', '삼천리', '반만년 긴역사', '우리민족', '빗난역사' 등 조선의 민족정서, 민족정기와 관계된 가사가 드러나고 있다. 〈을지문덕〉과 〈강감찬〉은 외세의 침략에 대항해 외세를 물리친 고구려와 고려의 명장을 노래로 표현하고 있어 이 역시 조선의 일제 침략에 대항하는 것을 표현한 것으로 보여 금지된 것으로 보인다.

외국인이 편자인 『정선조선가요집(精選朝鮮歌謠集) 제1집』(조선가요연구사, 1931)은 콜럼비아레코드의 경성지부장인 C. J. 핸드포드(C. J. Handford)가 편찬한 것으로, 경기계통 긴잡가·잡잡가, 서도계통잡가, 남도계통의 단가, 춘향전, 심청전, 잡가 등 전통음악 57곡과 부록으로 당시 유행한 대중가요 악보 30곡을 수록하였다. 이 가요집은 1932년 1월 '치안방해' 사유로 금지처분되었는데, 수록곡의 가사 내용이 조선 독립이나 조선 통치 방해, 현 사회체제 비판, 사회주의 옹호 등이 없음에도 수록 노래가 전체적으로 민족정서의 가요들로 구성되고 [후에 〈춘향전 자진 사랑가〉(1933.12.12. 금지, 풍속괴란)와 〈아리랑〉(1933.6.13. 금지, 치안방해) 등이 금지처분 됨] 일부 곡(〈오동나무 등〉)이 민족현실을 표현하고 있어 행정처분된 것으로 보인다.

조선총독부 도서과는 1938년 11월에 노익형(盧益亨)이 편찬한 『최신유행길경타령창가(最新流行桔梗打令唱歌)』(1938)에 대해 '치안방해'를 사유로 '삭제처분'을 내렸다. 삭제처분 이유는 전체적으로 계급의식이 포함되어 온당하지 않다는 것이었다. 그러나 실제 내용을 살펴보면 계급의식보다는 민족의식, 민족현실이 보인다. 수록 가요 중 삭제처분된 가요는 〈에라 좋구나〉, 〈오동나무〉, 〈노래하는 시절〉, 〈경성행진곡〉, 〈마적의 노래〉, 〈낙성의 패〉, 〈신아리랑〉, 〈폐허의 노래〉, 〈인도의 밤〉 등이며, 다음은 각 곡의 삭제 부분 예이다.

〈에라 좋구나〉
(전수린 작사 · 작사)
삼천리강산에 새봄이 왔요
무궁화강산 춘절경개 에라 좋구나

〈오동나무〉
(이규송 작사, 강윤석 편곡)
5 금수강산은 다 어데가고요

황막한 광야가 왼일인가
에-라 이것이 눈물이란다
에-라 이것이 설음이라오

〈마적의 노래〉

1 나의가는 그때에 그대도가세
좁다란 이곳에는 참아못사리
압록강 저쪽에는 지나(支那)영토니
지나에는 사억만에 민중이사네

2 나의게는 부모며 친척도업고
나— 나은 고향에는 집조차업네
귀년간 든 산천잇기는 하나
이 리별슬허할자 하나도업네

7 고국을 써난지 십여년만에
지금은 마적에 대두령이라
아세아의 고근산(高根山) 아래에서는
지휘하는 부하가 오천인이라

8 오날은 길림성의 그편쪽으로
수림(樹林) 새 이울니는 말굽소래와
발자취에 소래를 숨겨가지고
사억만의 지나민중을 놀내리로다

1937년 11월 정경운(鄭敬惲)이 발행한 『청년노래가락창가: 신유행곡레코드대증보』(광문서시)는 1938년 9월 20일 '풍속괴란'을 사유로 금지처분되었다. 이 책은 부제처럼 당시 레코드에 수록된 대중가요들을 수록하였다. 수록곡 중에는 〈못이즐 사랑〉, 〈나의 사랑아〉, 〈아 요것이 사랑이란다〉, 〈모던사랑〉, 〈사랑가〉, 〈첫사랑의 노래〉, 〈사랑하여 주서요〉, 〈사랑의 눈물〉,

〈그림 2〉 정경운, 『청년노래가락창가』(1937) 표지[풍속괴란 사유로 금지처분(1938.9.20)]

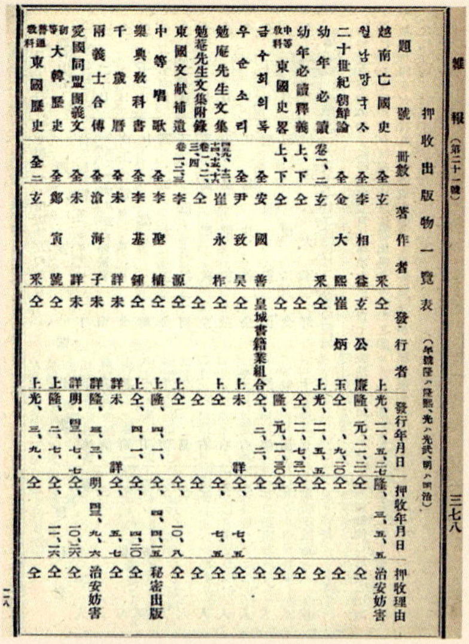

雜報（第二十一號）　押收出版物一覽表（年號隆ハ隆熙、光ハ光武、明ハ明治）　三七八

題號	冊數	著作者	發行者	發行年月日	押收年月日	押收理由
越南亡國史	全	玄采	仝 上	光、一一、五、一〇	隆、三、五、五	治安妨害
월남망국ᄉᆞ	全	李相益	玄公廉	隆、元、一一、一三	仝	仝
二十世紀朝鮮論	全	金大熙	崔炳玉	仝、九、一〇	仝	仝
幼年必讀	卷一、二	玄采	仝 上	光、一一、五、五	仝	仝
幼年必讀釋義	上、下	仝	仝	仝、一一、七、一三	仝	仝
中等敎科東國史畧	上、下	仝	仝	隆、元、一一、一三	仝	仝
금수회의록	全	安國善	皇城書籍業組合	仝、二、二	仝	仝
우순소리	全	尹致昊	仝 上	未詳	仝、七、五	仝
勉庵先生文集	[illegible]	崔永作	仝 上	仝	仝、七、五	仝
勉菴先生文集附錄	卷一、二、三、四	仝	仝	仝	仝	仝
東國文獻補遺	卷一、二、三	李源	仝 上	仝	仝、一〇、八	仝
中等唱歌	全	李璧植	仝 上	隆、四、一	仝、四、四、一五	秘密出版
樂典敎科書	全	李基鍾	仝 上	仝、四、一	仝、四、一〇	仝
千歲曆	全	未詳	未詳	未詳	仝、五、七	仝
兩義士合傳	全	滄海子	未詳	隆、三、三	明、四四、九、六	治安妨害
愛國同盟團義文	全	未詳	未詳	明、四〇、七、七	仝、一〇、一六	仝
初等大韓歷史	全	鄭寅琥	仝 上	隆、二、七	仝、一一、一六	仝
普通敎科東國歷史	全二	玄采	仝 上	光、三、九	仝	仝

一八

〈그림 3〉『중등창가』(1910), 『악전교과서』(1910)의 압수 처분기록

출처: 조선총독부 경무총감부(朝鮮總督府 警務摠監部), 1912. 3, 『경무월보(警務月報)』 第21號.

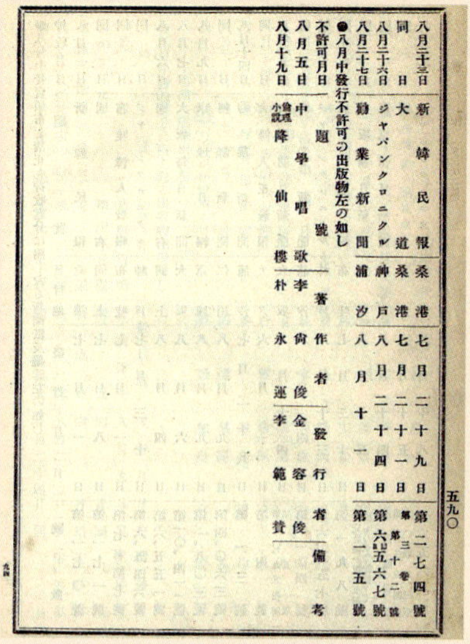

八月二十三日	新韓民報	桑港	七月二十九日	第二七四號
同日	大道	桑港	七月二十一日	第三卷第十二號
八月二十六日	ジャパンクロニクル	神戸	八月二十四日	第六五六七號
八月二十七日	勸業新聞	浦汐	八月十一日	第一五號

●八月中發行不許可の出版物左の如し

不許可月日	題號	著作者	發行者	備考
八月五日	中學唱歌	李尙俊	金容俊	
八月十九日	倫理小說 降仙樓	朴永運	李範贊	

五九〇

〈그림 4〉『중학창가』(1912.8)의 발행불허 처분기록

출처: 조선총독부 경무총감부, 1912. 9, 『경무휘보(警務彙報)』 第32號.

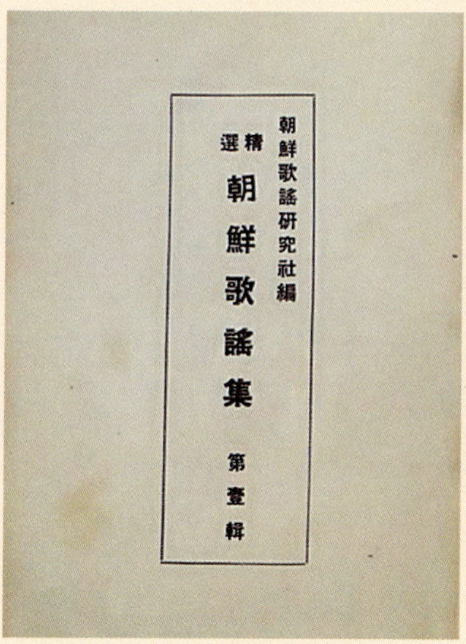

〈그림 5〉 핸드포드 편, 『정선조선가요집 제1집』 (1931) 표지[치안방해 사유로 금지처분(1932. 1)]

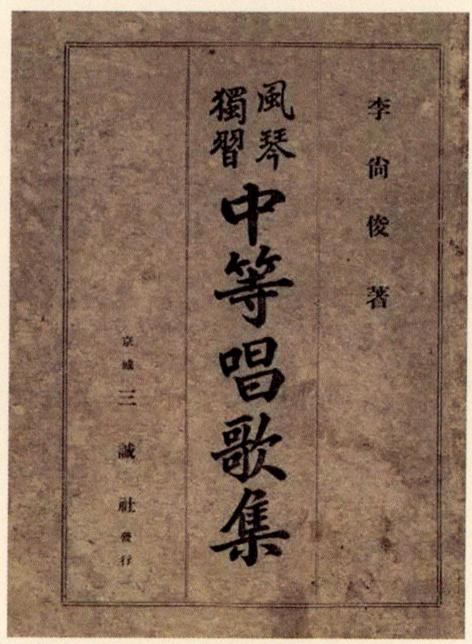

〈그림 6〉 이상준, 『풍금독습중등창가집』(1934) 표지[치안방해 사유로 금지처분(1930. 8. 8)]

〈나의 사랑〉 등 일반적인 사랑과 연애 감정을 표현한 가요와 〈처량한 밤〉, 〈술은 눈물일가 한숨이랄가〉, 〈밤의 서울〉, 〈님 생각〉, 〈그대 그립다〉 등 감상적 기분을 표현하는 가요 등이 수록되었다. 일제는 1937년 7월 중일 전쟁이 발발하자 노래검열을 강화하였고, 1938년 1월 전시체제하에 적용할 강화된 음반검열 기준인 '레코드신취체방침'을 발표하였다. 강화된 검열 기준은 전시하에서 국민의 전시태세 확립에 부정적 영향을 미칠 것으로 보이는 사랑·연애 등의 정서적 감정을 드러내는 노래도 금지시켰다. 이 책의 처분 일자가 레코드신취체방침 이후인 것을 보면, 이러한 전시하의 강화된 검열 기준이 노래 자체에 적용된 것으로 보인다.

통감부는 1906년 8월 「보통학교령」을 공포하면서 신교육을 시행했고, 대한제국 학부(學府)는 학정참여관으로 미쓰치 주조(三土忠造, 1871~1949)를 임용하여 교과서 편찬업무를 담당케 하였다. 그 목적은 식민지정책에 합당한 교과서를 편찬, 사용케 하기 위한 것이었고, 교과서의 편찬 기준은 전부 일본의 것이었다. 이러한 교과서 통제정책은 한일합병 후에도 이어져 제1차 조선교육령기(1911)부터 제4차 조선교육령기(1943)까지 시행되었다.

1908년 통감부는 9월 1일 자로 학부령 제16호 「교과용도서검정규정」을 발표했다. 당시 한국에서는 기독교계를 중심으로 각종 사립학교가 생겨났는데, 통감부는 각종 학교에서 사용하는 교과서가 학생들에게 항일사상 및 체제변혁 정치사상을 주입할 수 있다고 판단하여 교과용 도서의 사용 인가를 위한 법률의 필요성을 느끼게 되었다. 이에 일제는 학교 교과용도서는 학부 편찬 교과서 또는 학부대신에게 검정인가 된 교과서만을 사용케 하였고, 이를 통해 학교 창가집의 노래도 통제하였다. 학교 창가집의 검정인가 과정은 수록 노래의 검열 과정이었다.

교과용도서검정규정을 통과했거나 조선총독부가 편찬한 창가집은 앞에서 살펴본 금지처분된 창가집과 상반된 내용을 수록하고 있었다. 금지 창가집이 민족의식 고취, 조선의 고유역사(민족정체성), 현실비판적(사회비판) 내용이 주류를 이루는 것에 반해, 관제 창가집은 일본의식 교화와 민족동화의 가사가 주를 이루고 있다. 가사에 등장하는 인물의 경우 금지 창가집인 『근화창가 제1집』에 수록된 창가 〈을지문덕〉과 〈강감찬〉은 외세침략에 대항해 외세를 물리친 인물인 것에 반해, 조선총독부가 편찬한 『보통학교보충창가집(普通學校補充唱歌集)』(1926)에 수록된 〈석탈해〉와 〈계림〉은 조선인이 신라시대 때부터 일본인과 융화, 동화되어 살았음을 표현하여 일제의 식민 통치 이념인 '내선융화'를 표현하고 있었다. 이뿐만 아니라 일본 축일(祝日)을 기념하는 창가를 수록하여 일본의식을 고취하려 하였다.

4

일제는 가창과 교수를 어떻게 단속처분했는가?

- 보안법(1907), 치안유지법(1925)

일제는 노래책검열은 출판법을, 음반검열은 축음기레코드취체규칙을, 흥행(공연)검열은 흥행취체규칙을 적용하였다. 그리고 이러한 법률의 적용범위 밖의 경우인 금지되거나 당국이 불온하다고 판단한 노래(창가)를 부르거나 교수하는 행위는 보안법과 치안유지법을 적용, 단속처분하였다.

1) 보안법, 치안유지법에 의한 노래 단속처분

보안법은 1907년 7월 27일 법률 제2호로 공포된 법률로, 일제의 통치체제에 반하는 일체의 행위를 통제하고자 한 것으로, 사회적 불안을 일으킬 수 있는 사안이라면 무엇이든 규제할 수 있는 포괄적 법률이었다. 안녕질서를 보지(保持)하기 위하여 필요한 경우에 집회, 다중의 운동, 군집(群集)을 제한·금지하거나 해산할 수 있었고(제2조), 경찰관은 가로(街路)나

기타 공개된 장소에서 문서·도화의 게시와 반포·낭독, 언어·형용과 기타의 행위를 하여 안녕질서를 문란할 우려가 있다고 인정될 때는 금지를 명할 수 있었으며(제4조), 정치에 관해 불온한 언론과 동작이나 타인을 선동·교사·사용하며 타인의 행위에 간섭하여 치안을 방해한 자는 50대 이상의 태형(笞刑), 10개월 이하의 금옥(禁獄), 2개년 이하의 징역에 처할 수 있었다(제7조).

치안유지법은 일본에서 1925년 4월 22일 법률 제46호로 제정되어 한국에서는 1925년 5월 8일 칙령 제175호 「치안유지법을 조선, 대만 및 사할린에 시행하는 건」으로 시행되었다.

문화정치기(1920~1931)에 들어서 언론과 사회운동이 점차 고양되자 이 치안 유지를 위한 특별법은 기존의 치안 관계법의 집행을 더욱 엄격하게 강화한 것으로, 국체(國體)를 변혁하거나 사유재산제도를 부인하는 것을 목적으로 결사를 조직하거나 이에 가입하는 자는 10년 이하의 징역 또는 금고에 처할 수 있었다(제1조). 여기에서 국체를 변혁하는 행위란 통치권과 관련된 사항을 해치려는 모든 행위로, 치안유지법은 포괄적 대상과 범위를 갖는 법률이었다.

법률에 따라 민족 독립과 사회주의사상을 표현한 노래는 보안법과 치안유지법의 대상이었다. 금지처분된 노래 외에도 개인이 창작하여 출판하지 않고 부르거나 교수하는 노래 중 민족 독립과 사회주의사상을 담은 가사의 노래도 현장 경찰에 의해 불온창가로 판정되어 검거되었다. 곧 불온한 내용의 창가(불온창가)를 창작하거나 노래를 부르거나 창가책을 소지하면 형사처벌 되었다.

2) 불온창가의 단속처분 사례

3·1운동 이후 조선에서는 사회주의사상이 대두되어, 1920년 4월에는 조선 최초의 전국적 노동운동단체의 성격을 띤 조선노동공제회, 1924년에는 조선노농총동맹, 1925년에는 조선공산당이 결성되는 등 각종 노동단체들이 결성되었고, 소작쟁의와 노동쟁의가 빈발하였다. 곧 사회주의운동은 민족해방운동의 지도사상으로 대두되었고, 일제는 이 운동을 사회 안녕을 해치는 식민 통치의 방해물로 보았다. 일제는 사회주의운동을 탄압하고, 사회주의운동과 관계된 노래인 '노동가'와 '혁명가'를 부르거나 교수한 행위를 치안유지법으로 처분하였다. 혁명가가 체제, 곧 국체의 변혁을 꾀하는 것이었기 때문이었다.

5월 1일 노동절과 관계된 노동운동가(運動歌)인 〈메이데이가(May Day Song)〉가 금지곡이 되었고, 이 노래를 부르는 행위도 보안법이나 치안유지법 위반으로 검거되었다.

곧 보안법과 치안유지법에서 제시한 기준을 벗어나는 내용의 노래는 불온창가로 판정되어 가창과 교수를 금지하였고, 그 행위를 한 자는 사법처분의 대상이 되었다.

보안법과 치안유지법은 경찰의 영역이었고, 가창 및 교수의 단속 역시 경찰의 업무였다. 때문에 이 법률은 현장에서 영향력을 발휘하였는데, 문화예술의 텍스트, 음반 등의 검열 판단은 조선총독부 경무국 도서과에서 담당하였지만, 가창과 교수의 현장 단속업무는 각 지방의 경찰이 담당하였기 때문이다.

불온창가의 가창과 교수로 단속검거된 사례를 살펴보면, 1921년 6월에 노동가를 부르며 불온언동을 했다 하여 체포되었고, 1925년 3월에 서울 인쇄직공청년동맹 발회식에서 노동가를 고창했다는 혐의로 종로경찰서에 체포되었다. 1923년 10월에는 혁명가(革命歌)사건으로 7명이 검거되었고, 1926년 12월에는 여류음악가가 혁명가를 불렀다는 사유로 검거되었다. 1927년 5월에는 중앙협의회 다화회(茶話會)에서 혁명가를 불렀다 하여 구류 20일에 처해졌고, 1928년 12월에는 혁명가를 가르쳤다는 사유로 교사와 학생이 검거되었다.

조선총독부 초대 총독인 데라우치 마사타케(寺內正毅)는 1910년 10월 5일 각 도 장관회의 연설에서, 교육용 서적은 구학부(舊學部) 편찬 또는 인가한 것만을 사용케 하고 학부 편찬 이외의 것을 사용하는 사립학교 중에 독립을 고취하거나 일본 제국에 대해 반항을 장려하는 것과 같은 것을 사용하는 데가 있는데, 이는 허용하지 않는 일이니 취체상 가장 주의가 필요하다고 말하였다. 이처럼 일제는 창가 취체에 많은 신경을 썼던 것이다.

불온창가를 가창하여 사법처분된 사례로 1943년 4월 21일 임윤걸(林允傑)의 치안유지법 위반사건이 있다. 1943년 4월 21일 평양지방법원은 임윤걸에게 신치안유지법 제5조를 적용하여 징역 4년을 부과했는데, 공판 내용은 1941년 9월 조선유행가 레코드 〈오동잎의 맹세〉를 연주하고 "아아 지나간 열아홉의 꿈, 나도 맹세하네 오동잎의 맹세를"이라는 가사를 "우리는 항상 조선의 독립을 열망해 왔는데 이 열정도 아무런 보람 없이 세월이 지나갔다. 그렇지만 우리는 오동잎이 푸른 것처럼 젊고 우리의 결의는 오동이 곧고 단단한 것처럼 예와 변함없이 강고하며, 우리는 조선 독립을 위해 맹세를 새롭게 하네"라고 해석하여 조선 독립의 필연성을 역설, 선동했다는 것이었다.(김경일 편, 2005, 「1943.1.26. 임윤걸의 공판청구서, 판결서」, 『일제하 사회운동사 자료집』 제7권, 82쪽).

〈표 3〉 보안법과 치안유지법 위반 창가사건 기사 목록

연월일	신문명	기사명
1920.04.02	동아일보	옥중에서 독립가 징역 2년의 선고
1921.05.22	동아일보	창가를 교수하고 구류 열흘 동안
1921.06.20	동아일보	직공과 경관 격투
1921.07.17	조선일보	창가교수시간에 애국사상을 고취
1922.08.21	동아일보	응원창가까지 기휘(忌諱)
1923.03.12	매일신보	불온창가로 학생을 가라쳐준 교사 모를 체포
1923.10.02	조선일보	애국가로 경찰서
1923.10.08	조선일보	사회주의자를 지난 4일에 7명 검거해, 내용은 선전문과 혁명가 까닭
1924.11.18	조선일보	신지교양선생 장홍에 압송, 불온당한 창가를 교수한 혐의
1925.03.22	조선일보	불온창가 교수죄로 공판바든 신지교의 네 선생
1925.03.24	조선일보	김재문 씨 방면 22일에
1926.06.02	조선일보	완도 청년 3명 혁명가 불렀다고 검사국으로 넘겨
1926.12.09	조선일보	혁명가 고창한 여류악가(樂家) 검속
1927.05.21	조선일보	검속된 김강 군 20일 구류 처치
1927.05.30	조선일보	1개월 전에 배부한 불온문서사건으로 권태휘 군 검속
1927.06.01	조선일보	불온창가 짓고 형평사원(衡平社員) 피검
1928.05.01	조선일보	불온창가 불렀다고 숭전(崇專) 학생을 구인
1928.10.31	동아일보	도항(渡航) 금지당코 창가로 철창에
1928.12.12	동아일보	혁명가와 혁명문예를 가르친 탓, 교원 학생 등 20명 피착(被捉)
1929.03.06	동아일보	피로연에 불른 창가가 문데 단천서(端川署)에 3명 취조
1929.03.29	조선일보	이방호 씨 검거 내용, 불온한 창가를 선던한 혐의로
1929.07.20	조선일보	황제계 군 구류처분

1929.08.04	조선일보	조선소년음악회장에서 10여 명이 피검거
1929.10.02	동아일보	창가하고 피체(被逮) 신흥청년이
1930.03.12	조선일보	이유 안 되는 이유로 웅기공보생 퇴학
1930.09.09	동아일보	야학 교원 검거
1930.09.19	조선일보	보교 교원 검거
1930.12.04	조선일보	창가 보른 소년 4명 취조
1931.02.13	조선일보	노동자 창가까지 단속
1931.02.25	조선일보	흥남질소공 8인 검거취조
1931.09.03	동아일보	혁명가사건 2명은 방면
1931.09.11	동아일보	병영격문(兵營檄文)으로 경찰 또 활동
1931.08.16	조선일보	불온창가로 장씨를 검거
1931.09.03	동아일보	혁명가사건 2명은 방면
1931.11.21	조선일보	청년 3명 검거 내용은 불온창가 선전협의
1932.01.20	동아일보	불온창가 불르다 소년 5명 피검
1932.02.02	동아일보	불온창가로 구류
1932.07.02	매일신보	결혼식장에서 불온한 창가, 6명에 구류처분
1932.09.24	동아일보	불온창가로 목동이 피검
1933.07.25	동아일보	불온창가로 6청년 검거
1933.12.27	동아일보	무궁화묘목 팔고 민족주의 고취
1934.02.11	조선일보	청소년 다수 검거, 불온창가 불른 것이 탄로
1934.02.15	조선일보	불온창가사건 25일간 구류처분
1936.12.18	조선일보	불온창가사건의 7명 전부 석방

5

일제는 가요음반을 어떻게 검열했는가?

- 축음기레코드취체규칙(1933)

1930년대 초반까지 음반은 조선총독부의 검열 대상에서 벗어나 있었다. 음반이 대중화되지 않은 관계로 중요시되지 않아 경찰 시찰의 권외에 있었고, 음반을 검열·단속·압수할 수 있는 법적 근거가 없어 편의처분(便宜處分)으로써 연주, 반포(頒布)를 저지하는 정도였다.

1) 축음기레코드취체규칙에 의한 음반검열

1930년대 들어 축음기 보급이 확대되고 음반이 대중화되자 조선총독부는 보다 체계적인 음반검열의 필요성을 갖게 되었다. 이는 대중화된 음반 시장에서 조선민족의식(정서)의 함양과 현 사회체제를 비판하는 내용의 음반이 나타났기 때문이었다. 조선총독부는 음반검열 법률의 제정 이유에 대해 다음과 같이 말하였다(일부는 앞에서 인용한 글이지만 문맥상 다시 소개한다).

축음기레코드는 종래 경찰 시찰의 권외에 있어, 그다지 중요하게 여겨지지 않았지만, 레코드의 수효가 매년 현저하게 증가하고, 그 속에서 주의사상 선전을 위해 사용되어지거나 치안풍속을 해하는 듯한 것들이 발견되는 등 레코드 취체를 소홀히 처리할 수 없는 상세(狀勢)에 이르게 되었다.

종래에는 단속 법규가 없었기 때문에 편의처분(便宜處分)으로써 그 연주, 반포(頒布)를 저지하는 정도에 지나지 않았으나, 1933년(쇼와 8) 5월 총독부령 제47호로 축음기레코드취체규칙을 공포함으로써 유효적절한 취체를 할 수 있게 되었다.

- 조선총독부 경무국, 1941, 「축음기레코드의 취체」, 『조선경찰개요』, 94쪽.

조선총독부 도서과의 검열관 오카다 준이치도 음반검열의 필요성과 그 관련 법률 제정의 이유를 다음과 같이 밝히고 있다.

각종 레코드 회사가 다투어 새로운 제품을 제작하는 데 부심하며 취향에 따라 인기를 달하는 판매정책을 취하였기 때문에, 자연히 그들 레코드 중에는 사상적, 민족적 색채를 담은 것이 많아지고 비속(卑俗)한 가요를 취입한 것이 출반되고 있으며, 가두에서 연주되거나 혹은 가정에 선전용으로 제공되어 선량한 질서풍속을 어지럽히는 등 그 취체를 소홀히 할 수 없게 되었다. 종래 비록 이러한 종류의 레코드 취체에 관해서 충분한 뜻을 가지고 이것이 미치는 실제 해로움을 저지하기 위해 노력했지만, 취체규칙이 마련되지 않아 그 철저를 기할 수 없는 감이 있었다. 이에 출판물과 활동사진필름 등에 필적하는 취체를 가해 레코드에 의한 반사회성을 엄격하게 배제하고 비도덕성을 바로잡아 문화기관으로서의 사명을 다하기 위해 본

취체규칙이 공포되기에 이르렀던 것이다.

- 오카다 준이치, 1933. 6, 「축음기레코드 취체에 대하여」, 『경무휘보』 第326號, 142쪽.

즉, 그동안 조선총독부는 보안법에 따라 치안질서를 방해하고 풍속을 괴란시킨다고 판단되는 음반에 대해 단속을, 경찰범처벌규칙에 따라 거리연주(공개 재생)의 금지를, 출판법과 출판규칙에 따라 음반해설서에 대해 검열을 할 수 있었지만, 음반의 제작과 유통에 대한 검열 및 압수 등은 할 수 없었는데, 이는 법적 근거가 없기 때문이었다. 이에 조선총독부는 1933년 5월 22일 음반만을 대상으로 하는 검열제도로 조선총독부령 제47호 축음기레코드취체규칙을 제정 · 공포하고, 6월 15일부터 검열과 단속을 시행하였다. 검열 · 단속의 소관 부서는 조선총독부 경무국 도서과였다. 축음기레코드취체규칙은 음반의 제작 · 유통 · 판매 · 공공연주 등 음반에 관계된 일체의 것을 통제하는 법률이었고, 법률의 대상자는 음반 제조업자 · 수입업자 · 이입업자 · 판매자 등이었다. 이는 음반의 제조 외에 유통 · 판매까지 통제하기 위한 것이었다.

음반을 판매 또는 연주(재생)할 목적으로 제조 · 수입 또는 이입하는 자는 제조 · 수입 또는 이입일로부터 10일 이내에 음반해설서 2부를 첨부하여 그 종류 · 명칭 · 수량을 관할 도지사에게 신고해야 했으며, 신고서를 제출하지 않고 축음기레코드를 판매하거나 대중이 청취할 수 있는 장소에서는 연주할 수 없게 했다(제2조). 즉, 신고되지 않은 음반은 판매나 공개 연주를 금지하였다.

관련 신고는 관할 경찰서장을 경유하여 도지사에게 하도록 규정했는데(제3조), 이는 경유가 단순 행정절차가 아닌 검열 과정임을 의미하였다.

조선총독부의 음반검열 담당 부서는 경무국 도서과였지만, 음반검열의 현장집행을 수행하는 부서는 각 도 경찰부의 고등경찰과였다. 음반의 검열 기준은 치안을 해치거나(치안방해) 풍속을 어지럽힐 우려가 있다고 인정될 때(풍속괴란)였다(제4조). '치안방해'와 '풍속괴란'은 일제강점기의 양대 검열 사유였는데, 치안방해는 사상검열이 목적이었으며, 풍속괴란은 저속·퇴폐 등을 내세워 풍속의 자유를 구속한 것으로, 음반취체의 목적이 식민지배를 위한 조선 사회 통제에 있었음을 보여 준다.

법률을 위반하면 행정처분과 사법처분이 따랐는데, 행정처분은 주로 '음반'에 대한 처분이었고, 사법처분은 '음반 관련 업자'에 대한 처분으로 형벌제재를 가해 장래의 법률 위반을 방지하기 위한 것이었다.

행정처분은 음반이 치안을 방해하거나 풍속을 문란하게 할 우려가 있다고 인정될 때에 도지사가 그 제조·판매·수여 또는 연주를 제한하거나 금지할 수 있었다(제4조). 법률상 규정이 없어 음반압수는 할 수 없었지만, 법률과 달리 단속현장에서는 금지처분된 음반에 대해 음반판매점과 악기점 등의 재고를 전부 압수하였고, 음식점과 카페 심지어 개인이 소장한 것까지 압수하기도 했다.

사법처분은 미신고자 또는 불성실 신고자에 대해서 구류(拘留) 또는 과료(科料)(제5조), 미신고된 음반을 판매나 공개 연주하는 자에 대해서 50원 이하의 벌금 또는 구류나 과료(제5조), 금지나 제한처분된 음반을 제조·판매·수여·청취시킨 자에 대해서 200원 이하의 벌금 또는 구류나 과료에 처했다(제6조).

사법처분의 벌금과 과료를 살펴보면 그 처벌이 매우 강력하였음을 알 수 있다. 이 법률이 만들어졌던 1933년을 기준으로 보았을 때, 한국인의 평균 임금은 1일 0.6~0.8원 사이로, 30일을 쉬지 않고 일해도 1개월 임금은 18~24원에 불과하였다. 따라서 축음기레코드취체규칙의 행정규정 위반에 대한 벌금은 노동자의 2개월 이상의 임금에 해당하였고, 검열규정 위반의 경우는 노동자의 8개월 이상의 임금에 해당하게 되어 상당히 과중했음을 알 수 있다.

음반검열은 텍스트인 곡조와 가사의 내용뿐만 아니라 연주표현의 문제도 단속대상으로 삼았다. 문자로 표현된 가사 내용은 문제가 없지만, 노래로 연주 시의 표현(창법 등)이 풍기상 문제가 된다고 판단했기 때문이었다. 금지처분된 음반인 〈아리랑〉(콜럼비아 40070-A), 〈고국 그리워〉(시에론 66-B), 〈종로네거리〉(콜럼비아 40270-A), 〈방아타령〉(빅타 49100-A), 〈범벅타령〉(시에론 127-A,B), 〈신가정생활〉(시에론 72-A) 등이 이에 해당하였다.

음반의 판매금지 및 압수조치는 노래의 금지조치와 동시에 이루어졌다. 즉, 음반만의 금지조치도 있었지만, 노래의 출판·교육·공연·가창 등이 금지되면 그 노래가 수록된 음반도 동시에 행정처분되었다.

축음기레코드취체규칙은 내용상으로는 사후검열장치였다. 그러나 검열현장에서는 사전검열장치로 작동하였는데, 이는 조선총독부의 내부자료와 경무국 도서과 검열관의 언론 대담, 당시 활동했던 대중음악인의 증언에서 나타난다. 일제강점기에 태평레코드 전속계약 가수로 등단(1940)하고 유행가 〈꽃마차〉(1942)로 작사가 활동을 시작한 반야월(半夜月, 본명 박창오, 1917~2012)은 음반 취입 전 조선총독부에 가사를 제출하여 검열받았으며, 그 과정에서 삭제와 수정을 받았다고 구술하였다.

축음기레코드취체규칙의 시행 이후 음반검열 상황을 살펴보면, 취체규칙이 시행된 1933년 6월 15일 이후 9월 초까지 3개월 만에 처분된 것이 2천 장, 다음 해인 1934년 2월 초까지는 43종(또는 44종) 7천 장, 1935년 8월까지 78종 1천 장이 행정처분되었다. 1936년 1월부터 6월까지 27종, 1937년 7월부터 12월까지 12종 834장, 1933년 6월부터 1937년 6월까지 음반 140종이 행정처분을 받았다. 음반에 대한 연도별 처분 통계 추정치는 〈표 4〉와 같다.

〈표 4〉 축음기레코드 처분 통계(1933~1942)

연도	처분 건수		
	치안방해	풍속괴란	합계
1933	24종(25종)	19종(19종)	43종(또는 44종)
1934	12종	12종	24종
1935	7종(10종)	12종(12종)	19종(또는 22종)
1936	19종	28종	47종
1937	8종	27종	35종(1~10월간)
1938	34종	18종	52종(이상)
1939	-	-	24종
1940	9종	3종	12종(또는 17종)
1942	2종	-	2종

출처: 「치안방해 24종, 풍속괴란이 19종」, 『매일신보』, 1934.1.11; 「왜곡한 오락을 시정: 레코드 면목 일신, 취체의 효과가 이러케 크다, 청수(淸水)도서과장 談」, 『매일신보』, 1934.2.2; 「레코드판매 년 2백만 매: 수난의 소리판 44종 7천 매, 조선말 소리판이 33종」, 『조선중앙일보』, 1934.2.2; 「벙어리된 소리판 44종 70매」, 『동아일보』, 1934.2.2; 「소리판 석장 압수」, 『조선일보』, 1934.6.19; 「차압된 레코드 44종 7천 매: 이유는 풍속괴란, 치안방해」, 『조선중앙일보』, 1934.7.12; 「작년 중 소리판 차압, 44종 7천 매, 금년 들어서는 9종뿐」, 『조선일보』, 1934.7.12; 편집부, 1936.4, 「엇더한 레코드가 금지를 당하나」, 『삼천리』; 朝鮮總督府 警務局, 1937, 「蓄音機レコード及解說書檢閱並處分件數」, 『第73回 帝國議會 說明資課』; 「〈나는 행복이여요〉 압수 레코드취체 강화」, 『동아일보』, 1938.2.27; 朝鮮總督府 警務局 圖書課, 1938, 「蓄音機レコード行政處分目錄」, 『朝鮮出版警察月報』 第115-123號; 朝鮮總督府 警務局, 1941, 「蓄音機レコードの取締」, 『昭和15年 朝鮮警察概要』; 朝鮮總督府警務局, 1941, 「蓄音機レコード取締狀況」, 『第79回 帝國議會 說明資料』; 朝鮮總督府 警務局, 1942, 「蓄音機レコードの取締」, 『昭和16年 朝鮮警察概要』; 朝鮮總督府 警務局, 1943, 「映畫檢閱並蓄音機レコード取締狀況」, 『第84回 帝國議會 說明資料』.

축음기레코드취체규칙은 음반사에 대한 효과적 통제수단이었는데, 발매음반이 처분대상이 되면 벌금이나 과료의 부과뿐만 아니라 발매금지에 따른 재고 음반을 전부 폐기처분해야 하기에 음반사로서는 막대한 경제적 손실을 입게 되기 때문이었다.

조선총독부 도서과의 음반검열은 주관성을 띠었다. 음반검열 기준으로 적용된 출판물의 검열 사례와 검열 기준을 계량화할 수 없고, 검열관의 주관이 반영될 수밖에 없는 추상적 내용들이기 때문이었다. 조선총독부의 검열관 가네다 가나메(兼田要)와 오카다 준이치, 도서과는 검열의 주관성을 인정하고, 검열 기준이 사회적 환경에 따라 변할 수 있음을 밝힌 바 있다. 곧 검열에서 검열관의 주관은 곧 재량을 의미하며, 검열관의 권한이 검열판정의 핵심이었던 것이다.

> 일반적으로 취체에서 치안방해인가 또는 풍속문란인가 판단하는 것은 결국 검열 당사자의 감(感)에 달려 있다. … 그 판단은 검열 담당자의 느낌(感)에 따라 다르며, 사람의 얼굴 형태가 다르듯이 반드시 동일하지 않다.
>
> - 가네다 가나메(兼田要), 1936. 9, 「신문취체에 관하여(新聞の取締に就いて)」, 『경무휘보』 第365號, 55쪽.

> 무엇이 치안을 방해하고 풍속을 문란하게 했는가는 전적으로 해석상의 문제이다. 요는 그때의 사회환경에 따라 객관적으로 그것을 정해야 할 것이라 생각한다.
>
> - 오카다 준이치, 1933. 6, 「축음기레코드 취체에 대하여」, 『경무휘보』 第326號, 143쪽.

> 검열 기준은 확고부동한 것이 안니고 시세변천(時勢變遷)에 반(伴)하여 당연히 변하는 것이므로 임히 출판허가한 것이라도 차압 혹은 재판(再版)을

인가하지 안을 경우도 잇을 것이다.

- 편집부, 1939. 5, 「도서과 주최 문인간담회」, 『조광』 제5권 제9호, 160쪽.

〈표 5〉 조선총독부의 금지(행정)처분 받은 한국어가요음반

처분 레코드	처분 일자	처분 사유(내용)	음반사/음반번호
아리랑	1933.06.13	치안방해	콜럼비아 40070-A
유행소가(小歌) 한숨고개	1933.06.22	치안방해	시에론 1-A
유행소패(小唄) 빗일흔 강산	1933.07.22	치안방해	디어 1-A
유행소곡(小曲) 장한가(長限歌)	1933.08.03	치안방해	오케 1509-B
철쇄(鐵鎖)	1933.08.25	치안방해	빅타 49135-B
유행민요 아리랑	1933.08.28	치안방해	시에론 51-B
고국이 그리워	1933.08.28	치안방해	시에론 66-B
유행소곡 방랑인	1933.09.01	치안방해	포리돌 19045-A
유행소곡 폐허에서	1933.09.01	치안방해	포리돌 19045-B
신민요 변조아리랑	1933.09.09	치안방해	빅타 49204-A
한양의 사계	1933.09.09	치안방해	빅타 49176-B
잡가 백주가(白酒歌)	1933.09.14	풍속괴란	시에론
잡가 범벅타령	1933.09.14	풍속괴란	시에론 127-A,B
잡가 범벅타령	1933.09.15	풍속괴란	콜럼비아 40246-B
잡가 범벅타령	1933.09.15	풍속괴란	오케 1511-A,B
잡가 범벅타령	1933.09.26	풍속괴란	빅타 49201-A,B
만곡(漫曲) 범벅타령	1933.09.27	풍속괴란	태평 8058-A,B
만곡 범벅타령	1933.10.02	풍속괴란	돔보 50014-A,B
신민요 남대문타령	1933.10.28	치안방해	빅타 49183-A
경기잡가 신고산, 닐늬리아	1933.11.02	풍속괴란	빅타 49066-B
평양잡가 재담잡봉가	1933.11.07	풍속괴란	빅타 49011-A
평양잡가 이화타령	1933.11.07	풍속괴란	빅타 49011-B
방아타령	1933.12.05	치안방해	빅타 49100-A
난센쓰풍경 신가정생활 상	1933.12.05	풍속괴란	시에론 72-A

춘향전 정자가(情字歌)	1933.12.05	풍속괴란	시에론 76-A
서도잡가 사설난봉가	1933.12.05	풍속괴란	빅타 49090-B
춘향전 자진사랑가	1933.12.12	풍속괴란	시에론 44-B
뜻(志)	1933.12.27	치안방해	콜럼비아 40252-B
경기잡가 범벅타령	1933.12.27	풍속괴란	콜럼비아 40074-A
서울노래	1934.04.19	치안방해	콜럼비아 40508-A
빼죠독주 조선아 잘 잇거라	1934.05.10	치안방해	콜럼비아 40511-A
고성(古城)의 밤	1934.06.19	치안방해(차압)	포리돌 19052-A
경기잡가 사설난봉가	1934.07.10	풍속괴란	리갈 C136-B
넌센스 조선행진곡	1934.08.23	치안방해	포리돌 19028-A
유행소곡 뜬세상(浮世)	1934.08.23	치안방해	콜럼비아 40305-A
유행소곡 종로네거리	1934.08.28	치안방해	콜럼비아 40270-A
조선의 노래	1934.09.20	치안방해	콜럼비아 40344-A
경기잡가 장기타령	1934.10.05	풍속괴란	콜럼비아 40296-B
유행소곡 우리네의 노래	1934.10.22	치안방해	콜럼비아 40398-A
앞남산에 올나서	1934.12.04	풍속괴란	-
이역(異域)의 우는 꽃	1934.12.04	치안방해	-
서울뜨기	1934.12.04	풍속괴란	콜럼비아 40573-A,B
마적의 합창	1935.06.18	치안방해	포리돌 19202-A
춘향전 자진사랑가	1935.07.22	풍속괴란	쇼-찌구 S2-A
난센쓰 벽창호	1935.08.23	치안방해	오케 1743
전화일기(電話日記)	1938.02.04	판매금지	콜럼비아 40800-A
만요 하누님 맙쇼	1938.04.20	풍속괴란(가두연주금지)	오케 12123-B
사나이 걷는 길	1938.05.03	치안방해(가두연주금지)	빅타 KJ 1181-B
넌센스 전쟁의 백합화	1938.08.02	치안방해(발매반포금지)	코라이 1056-B
타향의 술집	1938.08.11	치안방해(가두연주금지)	오케 12156-B
누가 알겠소	1938.08.11	치안방해(가두연주금지)	오케 12159-A
구곡간장(九曲肝腸)	1938.08.17	치안방해(가두연주금지)	콜럼비아 40826-A
만요(漫謠) 뚱딴지 서울	1938.08.17	치안방해(가두연주금지)	콜럼비아 40828-A

리가교향악(裏街交響樂)	1938.08.29	풍속괴란(발매반포금지)	태평 C8506-A
인생주막	1938.09.13	치안방해	콜럼비아 40830-A
壊れた戀の塔(이남순 노래)	1938.10.03	풍속괴란(발매반포금지)	태평 C8511
기로의 황혼	1938.10.07	치안방해(가두연주금지)	오케 12175-A
편지와 전화	1939.05.10	풍속괴란	오케 12248-A
겁장이 촌처녀	1939.05.10	풍속괴란	오케 12248-B

출처: 朝鮮總督府 警務局 圖書課, 1933,「朝鮮文出版物差押目錄」,『朝鮮出版警察月報』第53號; 朝鮮總督府 警務局 圖書課, 1934,「4月中ニ於ケル出版物行政處分執行實績: 平安南道」,『朝鮮出版警察月報』第68號; 편집부, 1936.4,「엇더한 레코드가 금지를 당하나」,『삼천리』; 朝鮮總督府 警務局 圖書課, 1938,「蓄音機レコード行政處分目錄」,『朝鮮出版警察月報』第115-123號; 朝鮮總督府 警務局, 1941,『朝鮮總督府 禁止單行本目錄』; 박찬호 지음, 안동림 옮김, 1992,『한국가요사』, 현암사; 최창익 편, 2003,『한국대중가요사 1』, 한국대중예술문화연구원;「레코드취체부령 去 15일부터 실시, 시행초일은 계출처무(屆出全無)」,『조선일보』, 1933.6.17;「전주에서도 레코드취체, 수종(數種)을 압수」,『조선일보』, 1933.6.20;「개성서도 레코드취체」,『조선일보』, 1933.6.23;「축음기소리판 6종 6만매 압수」,『조선중앙일보』, 1933.6.24;「철쇄(鐵鎖)라는 노래 레코드 금지」,『매일신보』, 1933.9.3;「길맥힌 〈아리랑고개〉, 〈한양의 봄〉도 벙어리로」,『조선일보』, 1933.9.14;「병주둥이 맥힌 백주가(白酒歌) 소리판 또 압수」,『동아일보』, 1933.9.16;「가반처분빈빈(歌盤處分頻頻) 두 회사의 것을 또 처분」,『조선일보』, 1933.9.17;「소리판 수난, 레코드를 압수, 방랑인, 폐허 등」,『조선중앙일보』, 1933.9.21;「레코드의 공포시대, 去 27일 장연에서 취체」,『조선일보』, 1933.10.1;「우복가반(又復歌盤)압수, 이번엔 범벅타령」,『조선일보』, 1933.10.4;「소리판 2매를 압수」,『조선중앙일보』, 1933.11.2;「소리판 수난시대 차압처분, 또다시 5종 치안방해와 풍속괴란으로 5일 도서과에서 처분」,『조선중앙일보』, 1933.12.6;「가반(歌盤) 4종에 우부발금령(又復發禁令), 풍속괴란이 증가」,『조선일보』, 1933.12.10;「리촤드 최 소리판 압수, 치안방해로」,『조선일보』, 1934.5.11;「소리판 석장 압수」,『조선일보』, 1934.6.19;「차압된 레코드 44종 7천 매: 이유는 풍속괴란, 치안방해」,『조선중앙일보』, 1934.7.12;「불량레코-드 점차로 멸적(滅跡) 당국의 철저한 취체에 쌀는 업자 자각이 원인」,『매일신보』, 1934.7.12:「레코드취체 엄중, 불량한 것 천 매 압수」,『매일신보』, 1935.8.11;「치안방해로 압수된 레코드 천여 매, 금후도 철저 취체할 방침」,『조선중앙일보』, 1935.8.11;「풍속치안방해로 압수 8천 매, 노래도 너무 에로틱하면 질색」,『동아일보』, 1937.6.9;「연파(軟派) 오락은 민심을 해이(解弛)케 하는 비상시 국민의 적: 지나사변 후에 발매 금지된 레코드 12종」,『매일신보』, 1938.1.26;「레코드 3종 압수, 대전경찰서에서 去 4일부로, 〈전화일기〉, 〈내가 만약 바다에서 싸운다면〉 등」,『조선일보』, 1938.2.6;「〈나는 행복이여요〉 압수 레코드취체 강화」,『동아일보』, 1938.2.27;「악질 레코드에 철퇴, 경기도 관내에 일제검색 실시」,『조선일보』, 1939.6.23.

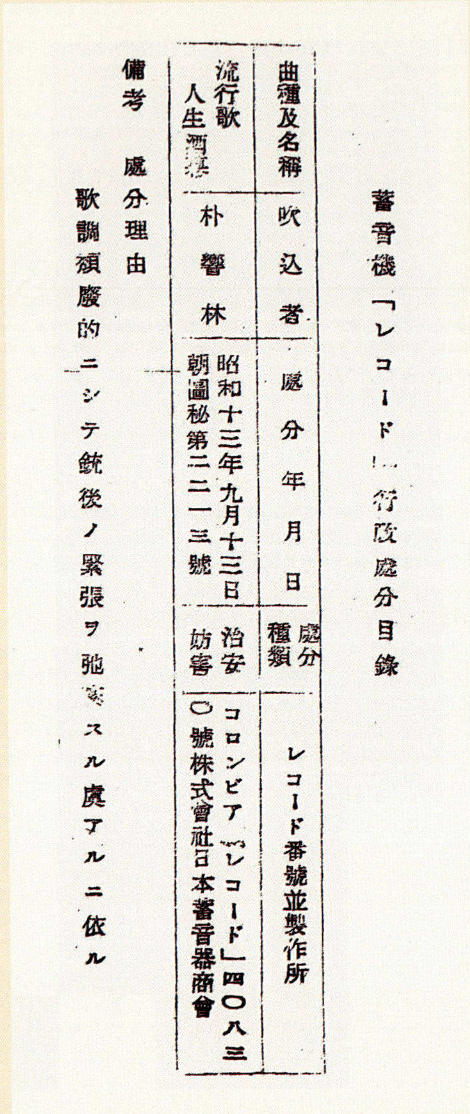

蓄音機「レコード」行政處分目錄

曲種及名稱	吹込者	處分年月日	處分種類	レコード番號並製作所
流行歌 人生酒場	朴響林	昭和十三年九月十三日 朝圖秘第二二一三號	治安妨害	コロンビア「レコード」四〇八三〇號株式會社日本蓄音器商會

備考 處分理由 歌詞頹廢的ニシテ銃後ノ緊張ヲ弛緩スル虞アルニ依ル

〈그림 7〉 '축음기레코드행정처분목록' 자료[〈인생주막〉 1938. 9. 13. 치안방해]

출처: 조선총독부 경무국 도서과, 1938.10, 「축음기레코드행정처분목록(蓄音機レコード行政處分目錄)」, 『조선출판경찰월보(朝鮮出版警察月報)』 第121號.

2) 가요음반의 금지처분 사례

검열 과정에서 행정처분을 받은 음반에 대해 처분 사유별로 내용을 살펴 보자. 처분 사유는 '치안방해'과 '풍속괴란'으로만 밝히고 있어 구체적인 금지 내용은 추정할 뿐인데, 일부 가요는 구체적 처분 내용을 조선총독부 내부 비밀문서인 『조선출판경찰월보』에 수록하고 있다. 먼저 치안방해(또는 안녕문란) 사유로 금지(행정)처분을 받은 가요음반을 살펴 보자.

1933년 2월 발매된 음반 〈고성의 밤〉(왕평 작사, 전수린 작곡, 이경설 노래, 포리돌 19052-A)은 1934년 6월 19일 치안방해 사유로 차압조치되었다. 이 가요는 '황성옛터'로 알려진 1932년 10월 발매된 이애리수(李愛利秀, 1910~2009) 노래의 〈황성의 적(荒城의 跡)〉(왕평 작사, 전수린 작곡, 빅타 11169-B)의 곡조에 가사 일부 단어와 곡명을 바꾸어 발표한 것이다. 한편 이애리수가 부른 〈황성의 적〉은 금지처분된 공식문건이나 자료가 확인되진 않는다. 1932년 4월 『빅타매월신보』에 소개되고, 1935년 2월 『빅타매월신보』에 재소개되어 발매될 정도로 꾸준한 인기를 얻었다. 당시 공연에는 경관들이 임석(臨席)하였는데, 공연장의 분위기에 따라 공연 중에도 노래를 중지시켰다. 이 가요의 공연 중 노래를 금지시켰다는 원로 예술인의 구술이 있는 것을 보면 임석경관의 공연중지(금지) 조치였던 것으로 보인다.

금지처분된 가요는 개사하여 재발매허가를 얻어 출반하기도 하였다. 1934년 『동아일보』 신춘문예 당선 작품(가작)을 가사화한 〈서울노래〉(조명암 작사, 안일파 작곡, 채규엽 노래, 콜럼비아 40508-A)는 1934년 4월 콜럼비아레코드에서 음반으로 발매되었고, 1934년 4월 19일에 치안방해 사유로 금지처분되었다. 이후 문제가 된 가사를 개사하여 6월에 재발매하였다.

〈서울노래〉

(조명암 작사, 안일파 작곡, 채규엽 노래)

(1934. 5. 발매금지 가사)

1 한양성 옛터전 옛날이 그리워라
무궁화 가지마다 꽃닙이 집니다

2 한강물 풀은줄기 오백년 꿈이자네
압남산 봉화불도 꺼진지 오랩니다

3 밤거리 서울거리 네온이 아름답네
가로슈 푸른닙에 노래도 아리랑!

4 사롱 레스트랑 술잔에 띄운꽃닙
옛날도 꿈이어라 추억도 쓰립니다

(1934. 6. 개작 발매 가사)

1 한양성 옛터에 종소리 슴여들어
나그네 가슴에도 놀애가 설입니다

2 한강물 풀은줄기 말업시 흘러가네
천만년 두고흘을 서울의 꿈이련가

3 밤거리 서울거리 네온이 아름답네
가로수 풀은닙에 놀애도 아리랑

4 꽃피는 한양성 닙트는 서울거리
압남산 피는구름 서울의 넉이런가

1931년 12월 발매된 음반 〈종로네거리〉(김동환 작사, 정순철 작곡, 채규엽 노래, 콜럼비아 40270-A)는 1934년 8월 28일 치안방해 사유로 금지처분되었다. 치안을 해할 만한 직접적 표현은 보이지 않으나 민족현실을 간접적으로 드러내 민족의식을 자각케 하는 점 때문에 금지되었을 것으로 보인다.

〈종로네거리〉

(김동환 작사, 정순철 작곡, 채규엽 노래)

1 리화는 두리둥둥둥 하늘에 날고
닭소래 게림산천(鷄林山川)에 ᄭᅳᆫ허젓구나
봄이되면 거리거리에 ᄭᅩᆺ이피더니
쓸쓸타 오백년후에 종로네거리

2 아침에 량식(糧食)차저간 참새ᄯᅦ갓치
동으로 ᄯᅩ 서으로 헤저가더니
십년만에 ᄭᅩᆺ한짐지고 도리를 오네
형뎨와 ᄭᅩᆺ송이로찬 종로네거리

1938년 8월 발매된 음반 〈타향의 술집〉(조명암 작사, 이시우 작곡, 김정구 노래, 오케 12156-B)은 1938년 8월 11일 치안방해 사유로 '가두연주금지처분'을 받았다. 구체적 처분 사유는 "가요조(歌調)가 애상하고 퇴폐적이어서 전시체제하 총후국민(銃後國民)의 사기에 영향을 준다"라는 것이었다. 총후(銃後)는 전선에 대한 후방기지를 말한다. 일제는 중일전쟁 발발 직후 전시체제로 전환하면서 사회기강 확립 및 총후국민의 건전한 정서확립 차원에서 발표한 '레코드신취체방침(新取締方針)'(1938.1)에 따라 가요의 애상적인 표현은 금지시켰다.

〈타향의 술집〉

(조명암 작사, 이시우 작곡, 김정구 노래)

1 흘러온 타향하늘 날이저문 술집에서
술잔을 기울이며 외로이 우나니
눈물도 하염없어라 갈데없는 신세랍니다

2 한잔의 술이나마 눈물없이 마시리오
사랑도 리별하고 고향도 등진몸
취하면 취한그대로 주정하는 신세랍니다

3 물에뜬 거품처럼 속절없는 세상에서
사나이 목숨바친 절개란 무어냐
술잔에 남실거리는 네온빛도 식어갑니다

다음으로 풍속괴란으로 금지된 가요와 음반을 살펴 보자.

〈범벅타령〉은 시에론(음반번호 127-A,B, 1933.9.14. 금지), 콜럼비아(음반번호 40246-B, 1933.9.15. 금지), 오케(음반번호 1511-A,B, 1933.9.15. 금지), 빅타(음반번호 49201-A,B, 1933.9.26. 금지), 태평(음반번호 8058-A,B, 1933.9.27. 금지), 돔보(음반번호 50014-A,B, 1933.10.2. 금지), 콜럼비아(음반번호 40074-A, 1933.12.27. 금지) 등 7개 음반사에서 발매된 음반 7종이 풍속괴란 사유로 금지되고 금지 일자도 음반별로 다르게 처분되었다.

1939년 6월 오케레코드에서 발매된 〈겁쟁이 촌처녀〉(조명암 작사, 손목인 작곡, 이화자 노래, 오케 12248-B)는 1939년 5월 10일에 풍속괴란 사유로 금지처분되었다. 음반 발매 한 달 전 금지처분을 받았음에도 음반이 발매된 것을 보면(신문에 7월에도 신보광고가 나옴), 발매 전 행해지는 음반가사지 사전검열 과정에서 발매는 가능하되 다른 행위(가두연주 등)를 금지하는 처분을 받은 것으로 추정된다. 가사를 살펴보면, 풍속을 문란케 할 만한 내용이 보이지 않는다. 가사 내용의 문란보다는 금지처분 시기와 관계된 것으로 추정된다. 당시는 중일전쟁 발발 직후 전시체제 시기로 사회기강 확립 및 총후국민의 건전한 정서확립을 위해 남녀 간의 연애 관계에 대한 표현은 금지시켰기 때문이다.

〈겁쟁이 촌처녀〉

(조명암 작사, 손목인 작곡, 이화자 노래)

1 앞집의 떠꺼머리 총각 뒷집의 가두머리 처녀
장가를 간대지 시집을 간대지
에이구나 저를 어째 데이구나 저를 어째
두근두근 두근두근 에그머니 나는 싫어요
가슴이 두근두근 나는 싫어 나는 싫어
나는 몰라 나는 몰라 소문만 떠돌아도
얼굴이 화끈화끈 나는 겁쟁이 나는 겁쟁이

2 네거리 하이카라 총각 삼거리 고수머리 처녀
반지를 간대지 혼인한대지
에이구나 저를 어째 데이구나 저를 어째
조마조마 조마조마 에그머니 나는 싫어요
머리만 조마조마 나는 싫어 나는 싫어
나는 몰라 나는 몰라 소문만 떠돌아도
머리가 두근두근 나는 겁쟁이 나는 겁쟁이

〈그림 8〉〈고성의 밤〉 광고

출처: 『동아일보』, 1933. 3. 21.

〈그림 9〉〈타향의 술집〉 음반라벨(1938. 8)[치안방해 사유로 가두연주금지처분(1938. 8. 11)]

〈그림 10〉〈서울노래〉 음반라벨(1934. 6)[금지처분(1934. 4. 19) 후 가사개작 발매(1934. 6)]

〈그림 11〉〈기로의 황혼〉 음반라벨(1938. 10)[치안방해 사유로 가두연주금지처분(1938. 10. 7)]

〈그림 12〉〈겁쟁이 촌처녀〉 음반라벨(1939.6)[풍속괴란 사유로 금지처분(1939.5.10)]

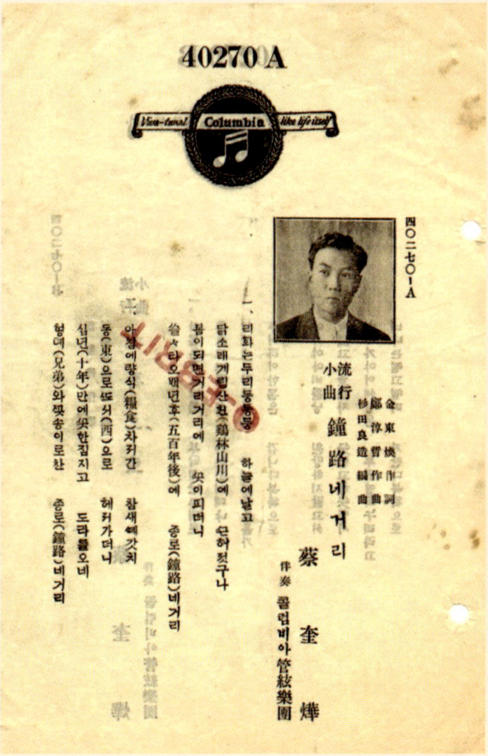

〈그림 13〉〈종로네거리〉 음반가사지(1931.12)[치안방해 사유로 금지처분(1934.8.28)]

6

일제는 연예흥행(공연)을 어떻게 검열했는가?

- 흥행취체규칙(1910)

일제는 1904년 을사늑약으로 불리는 제2차 한일협약 이후 대한제국의 내정 장악을 위해 통감부 설치와 함께 지방 통치를 위한 기관으로 '이사청관제(理事廳官制)'를 발포(發布)하고, 1905년 3월 전국에 10개소의 이사청을 설치하였다.

1) 흥행취체규칙에 의한 연예흥행 검열

이사청은 흥행에 대한 검열을 위해 법률을 발표하였고, 현재 연구된 바에 의하면 1910년 4월 1일 부산이사청령 제2호 「흥행취체규칙」이 최초로 보인다(후에 자료 발굴에 의해 달라질 수 있을 것이다). 총 11조로 구성된 규칙은 흥행을 하려는 자는 경찰관리의 인가를 받아야 하고(제1조), 연극은 극장이 아닌 곳에서는 흥행을 할 수 없으며(제4조), 경찰관은 흥행이 풍속을 문란케 하거나 공안을 해친다고 인정될 때에는 정지시킬 수 있었다(제9조).

1922년 이후 각 지역은 도령(道令)으로 제정한 흥행취체규칙을 공포·시행하였다. 공포된 규칙은 평안남도령 제2호 흥행취체규칙(1922. 2. 25), 경기도령 제2호 흥행장 및 흥행취체규칙(1922. 4. 4), 충청북도령 제12호 흥행취체규칙(1922. 8. 25), 함경북도령 제4호 흥행취체규칙(1924. 2. 6), 경상남도령 흥행장과 흥행취체규칙 등이었고, 단속대상은 흥행과 흥행장이었다. 그러나 흥행취체규칙이 지역마다 도령으로 공포·시행되어 통일성이 없었던 관계로, 일부 검열에서 소견을 달리하는 문제가 발생하기도 했다.

이 규칙들에 의하면, 흥행장은 극장·활동사진관(영화관)·요세(寄席: 연예장)로 구분되는데(평안남도령 제1조, 함경북도령 제1조), 극장에서는 활동사진을 흥행할 수 없고, 활동사진관에서는 활동사진 외에는 흥행을 할 수 없으며, 요세에서는 연극 및 활동사진 흥행을 제한했다(함경북도령 제1조).

예인(藝人) 또는 사용인이 공안을 해치거나 풍속을 어지럽힐 염려가 있다고 인정될 경우 관할 경찰서는 그 취업을 정지하거나 해고할 수 있었고(평안남도령 제16조, 함경북도령 제33조), 흥행을 하려는 자는 관할 경찰서의 허가를 받아야 했다(평안남도령 제23조, 충청북도령 제7조, 함경북도령 제24조). 흥행허가를 받았다 하더라도 공안 및 풍속 등을 해칠 염려가 있다고 인정되는 경우에는 취소하거나 임석경관이 그 흥행을 정지하거나 제한할 수 있도록 했고(평안남도령 제25조, 충청북도령 제9조, 함경북도령 제29조), 흥행신청서 수리 시 공안을 해치고 풍속을 문란하게 할 우려가 없는지 담당자의 조사의견을 첨부하게 했으며(경기도훈령 제11호 흥행장급흥행취체규칙 취득심급 제9조), 검열을 받았더라도 취체상 필요하다고 인정할 때는 흥행을 제한하거나 금지할 수 있게 하였다(경기도령 제5호 흥행장급흥행취체규칙 중 개정 제18조).

모든 도령이 사전허가를 받지 않고 흥행을 개최한 자는 구류 또는 과료에 처하게 하였다. 비록 규칙이 지역적으로 공포·시행되었지만, 그 조항의 내용들은 대부분 일치하는 양상을 보였다.

〈표 6〉 지역별로 공포된 흥행취체규칙

지역	명칭	구성	공포일
부산	부산이사청령 제2호 흥행취체규칙	총11조	1910.04.01
평안남도	평안남도령 제2호 흥행취체규칙	총44조	1922.02.25
경기도	경기도령 제2호 흥행장 및 흥행취체규칙	총38조	1922.04.04
충청북도	충청북도령 제12호 흥행취체규칙	총18조	1922.08.25
함경북도	함경북도령 제4호 흥행취체규칙	총46조	1924.02.06
경상남도	경상남도령 흥행장과 흥행취체규칙	-	-

출처: 「平安南道令 第2號 興行取締規則」, 『朝鮮總督府官報』 第2861號, 1922.2.28; 「흥행취체규칙 4월 1일에 발표」, 『동아일보』, 1922.3.29; 「38조의 흥행취체규칙」, 『동아일보』, 1922.4.5; 「朝鮮總督府 京畿道令 第2號 興行場及興行取締規則 取扱心得」, 『朝鮮總督府官報』 第2909號, 1922.4.27; 「忠清北道令 第12號 興行取締規則」, 『朝鮮總督府官報』 第3019號, 1922.9.4; 「咸鏡北道令 第4號 興行取締規則」, 『朝鮮總督府官報』 第3448號, 1924.2.14; 한국영상자료원 엮음, 2009, 『1910-1934 식민지시대의 영화검열』.

2) 임석경관의 현장 검열

이 취체규칙은 해석의 포괄성과 현장성 때문에 검열의 자의성이 크게 나타났다. 흥행현장의 처분 판단은 임석경관에 의해 좌우되었는데, 가요의 내용뿐만 아니라 연주표현과 객석의 분위기도 판단의 대상으로 삼았다. 즉, 가사 내용은 문제가 없음에도 흥행 시의 표현(창법 등)과 그에 따른 객석의 분위기(관객반응) 등을 문제 삼아 흥행을 중지시키거나 제한할 수 있었다. 때문에 동일한 가요라 해도, 공연현장에서 '누가' 임석 검열했느냐에 따라 전혀 다른 결과가 초래되기도 했다. 곧 임석경관의 통제 권한은 흥행장 내에서 이루어지는 흥행 관계자와 관객의 모든 행동까지 대상이었다.

대중음악평론가 황문평에 의하면, 제2기 '라미라가극단(羅美羅歌劇團)'이 가극 〈아리랑〉을 강원도 철원극장에서 공연할 때 주인공 강남춘(태평레코드 출신의 가수이자 연기자)의 연기표현과 대사 강약에서 일제에 항거했다는 이유로 경찰서에 호출당해 신문과 주의를 받았고, 전북 이리극장의 공연에서는 강남춘의 농도 짙은 반항아적 연기로 인해 관객들이 흥분해 박수갈채를 보내자 임석경관이 경적을 울리며 막을 내리게 하였다고 한다. 강남춘은 이리경찰서로 연행되어 29일간의 구류처분을 받았다.

임석경관은 공연의 현장성이 갖는 도발 변수를 통제하기 위한 장치였다. 공연 과정에서 돌연 사회비판적 집회로의 전환 가능성을 우려한 것이다. 이 때문에 흥행취체규칙은 현장취체를 중요시하였고, 따라서 이는 사전검열과 현장취체라는 이중검열의 구조를 가진 법률이었다.

한편 이 규칙들은 도령으로 공포·시행됨으로써 허가받은 지역에만 적용되는 것일 뿐 그외 지역에 대해서는 효력이 없었다. 흥행자는 검열허가를 받았다 하더라도 다른 지역에서의 흥행 시 해당 경찰서의 허가를 다시 받아야 했다. 1942년부터는 악극단은 당국으로부터 각본을 허가받았다 하더라도 각본 내용만으로는 실제 효과를 알 수 없다는 이유로 공연 전 시범공연을 개최하여 사전 실연허가를 받아야 했다.

흥행취체규칙의 대상은 주로 연극과 악극, 영화였으나, 연예도 취체대상이었다. 당시에는 악극·가극·쇼 등 다양한 무대공연이 행해졌다. 악극단과 가극단의 배우들은 가수로 활동하기도 했고, 당대의 인기 가수가 악극 또는 가극의 주인공으로 출연하기도 했다. 악극이나 가극의 흥행 성패는 주인공으로 어느 인기가수가 출연하느냐에 달려 있기도 하여 인기가수를 앞세운 공연광고를 하기도 했다. 또한 극의 막 사이에 노래를 부르는 막간가수(幕間歌手)가 있었는데, 이애리수의 〈황성의 적〉처럼 막간가수의 가요가 히트한 경우도 있었다. 복혜숙(卜惠淑, 1904~1982)·김연실(金蓮實, 1911~1997)·강석연(姜石燕, 1914~2001)·신카나리아[본명 신경녀(申景女), 1912~2006]·전옥(全玉, 1911~1969) 등도 연극배우이거나 막간가수 출신이었다. 악극과 가극 공연 시에는 극 외에 연주밴드나 유명 가수가 특별출연하기도 하였다. 이 때문에 조선총독부의 흥행에 대한 통제는 대중음악인의 통제로 이어졌던 것이다.

7

일제는 공연예술인을 어떻게 통제했는가?

- 조선흥행등취체규칙(1944)

일제는 출판법을 통한 가요의 검열, 축음기레코드취체규칙을 통한 음반의 검열, 흥행취체규칙을 통한 흥행의 검열 등을 시행했다. 즉, 노래검열의 영역이 텍스트에서 행위체계로 확장해 간 것이다. 그리고 마지막 남은 예술인에 대한 통제, 즉 흥행 주체의 통제로 영역 확장을 추진하였다.

1) 공연예술인 등록제

일제는 일찍이 공연예술인에 대한 통제제도를 시행하였는데, 활동사진 설명을 업으로 하려는 자, 즉 변사(辯士)는 면허를 받아야 활동할 수 있게 하였고, 면허는 자격시험을 통하여 주어졌다. 변사시험은 구술시험과 필기시험을 병행했고, 필기시험문제에는 당시 대두된 사회주의사상을 의식하여 사상검증을 위한 공산당 · 프롤레타리아 등의 개념 설명도 포함되었다. 변사시험은 경찰부에서 실시하여 합격자에게 면허증을 교부하였고, 이력에 비추어 그럴 필요가 없다고 인정되면 생략할 수도 있었다.

무성영화시대의 변사는 단순히 영상을 설명하는 기능적인 존재가 아니라, 공연자의 한 사람으로서 창작자로서의 역할을 가졌다. 일제는 검열을 통과한 필름임에도 변사에 의해 대본설명이 첨가되면서 공연현장에서 치안과 풍속을 해하는 상황이 일어날 수 있다고 판단했기에 면허증제도로 변사를 통제한 것이었다. 그리고 공안을 해치거나 풍속을 어지럽히거나 기타 취업상 부적당하다고 인정될 때에는 언제든 변사면허를 취소할 수 있었는데, 이는 변사의 자기검열을 강화하게 한 조치였다.

일제는 1934년 9월 '연극배우등록제'를 시행하였다. 이 제도는 배우는 소속 극단의 이름과 함께 관할 경찰서에 등록하여 감찰(鑑札)을 교부받아야 하고, 감찰이 없는 배우는 공연에 출연하지 못하며, 극단을 옮길 때에도 관할 경찰서에 신고해야 하는 배우통제제도였다. 조선총독부는 조선연극협회(1940.12.22. 창립)를 통해 회원증을 발행하게 하여 회원증이 없으면 무대출연을 금지시켰고, 조선연예협회(朝鮮演藝協會)(1941. 1. 26. 창립)를 통해서는 '기예증(技藝證)'을 발급하여 기예증이 없이는 무대 출연을 허가하지 않았다. 1944년 4월에는 「연극·연예·흥행에 관한 비상조치」를 발표하여 연극·연예 단체에 대한 정비에 들어가, 전 연기자에 대한 자격시험을 시행하여 불합격자에 대해서는 무대활동을 정지시켰다.

그러나 조선총독부는 보다 체계적인 흥행예술인의 관리 및 통제를 추진하고자 하였다. 당시 조선연극협회, 조선연예협회, 조선연극문화협회 등의 배우통제관리제도는 단편적인 것이었다. 흥행취체규칙은 전국을 대상으로 하는 통일된 법규 없이 각 지역마다 도령으로 시행되어 검열에서 소견을 달리하는 문제도 생겼다. 1935년 전국 도 경찰부장회의에서도 흥행에 대해 경찰범처벌규칙 및 본부 통첩에 기초해 단속을 하고 있지만 불비(不備) 결함이 있으므로 전 조선에 적용할 통일된 흥행취체규칙의 제정을 요구하기도 했다. 조선총독부는 조선 전 지역을 대상으로 통일된 흥행취체 기준 마련과 흥행 관련 전반을 통제하고자 하였다. 그리고 이는 1944년 5월 8일 조선총독부령 제197호인 조선흥행등취체규칙(朝鮮興行等取締規則)의 제정 · 공포를 통해서 이루어졌다.

조선흥행등취체규칙은 총 46개조의 전문에 흥행의 정의와 영역, 흥행자, 기예자, 연출자, 흥행허가, 흥행검열, 현장임검, 사법처분 등 흥행 관련 제반 사항이 모두 들어 있는 법률이었다. 주요 내용을 살펴보면, 흥행장을 설치하고자 하는 자는 설치 예정지의 관할 도지사의 허가를 받아야 했으며(제5조), 흥행업자는 주 취업지의 도지사에게 흥행자 허가(흥행자증명서를 교부)를 받아야 했다(제6, 7, 8조). 예술인은 흥행활동을 하기 위해서 주 취업지의 도지사에게 기예자 허가(기예자증명서)를 받아야 했으며, 기예의 종류나 소속 단체를 변경한 경우 도지사에게 신고하여야 했다(제14, 15조). 또한 연출자도 허가(연출자증명서)를 받아야 했다(제19조). 흥행을 하기 위해서는 흥행지의 소관 경찰서장의 허가를 받아야 했다(제23조). 규정을 위반한 자는 사법처분 대상이 되어 100원 이하의 벌금, 구류 또는 과료에 처해졌다(제39조).

2) 공연예술인 자격시험제, 기예증

조선흥행등취체규칙의 내용에는 검열자의 주관이 작용할 수 있는 조항이 있었는데, 흥행업자가 품위를 실추하는 행위를 하거나 기타 당해 업무에 종사하기에 적당하지 아니하다고 인정되는 때에는 업무를 정지하거나 허가를 취소할 수 있었고(제12조), 담당 관리는 상연 또는 흥행을 임검할 수 있었다(제34조). 곧 허가의 취소 기준이 검열자의 시각에 의해 좌우될 수 있게 규정되어 있었다. 이뿐만 아니라 흥행에 있어 이 영에 규정한 것 외에는 도지사가 정할 수 있었는데(제38조), 이는 도지사가 흥행에 대한 규제 사항을 추가할 수 있었음을 의미하였다.

이 규칙의 기존 법률과의 차이점은 흥행 자체뿐 아니라 흥행과 관계된 인적 자원인 흥행자·기예자(예술인)·연출자를 모두 통제한 점이다. 기예증제도를 시행하여 자격증이나 허가를 받지 않으면 흥행자·기예자·연출자는 흥행에 출연할 수 없었다. 기예증이란 공연예술인 허가증명서로, 조선총독부로부터 허가받은 자만이 공연활동이 가능하도록 한 공연예술인 자격증(증명서)제도였다. 과거 공연 관련 법률들이 공연의 텍스트와 공연, 공연장을 통제했다면, 기예증제도는 공연예술인을 직접적으로 통제하는 장치였다. 공연을 진행하기 위해서는 기예자·연출자·흥행자 등 흥행에 관여하는 모든 예술인이 허가를 받아야만 했다. 이는 작품과 공연 통제에서 한 걸음 나아가 공연의 주체인 예술인 자체를 통제하는 이중 장치였다. 즉, 공연활동에 필요한 모든 절차 외에 인적 자원도 당국의 허가를 받도록 통제한 포괄적 공연통제제도였다.

기예증 시행 이후 모든 공연예술인들은 공연활동을 위해 봄·가을로 연 2회 시행하는 자격심사를 거쳐 기예증을 받아야만 했고, 조선총독부는 기예증의 시험을 조선총독부 관변단체에 위탁운영하였다. 음악자격시험은 조선음악협회에서, 연극연예자격시험은 조선연극문화협회에서 시행하였다.

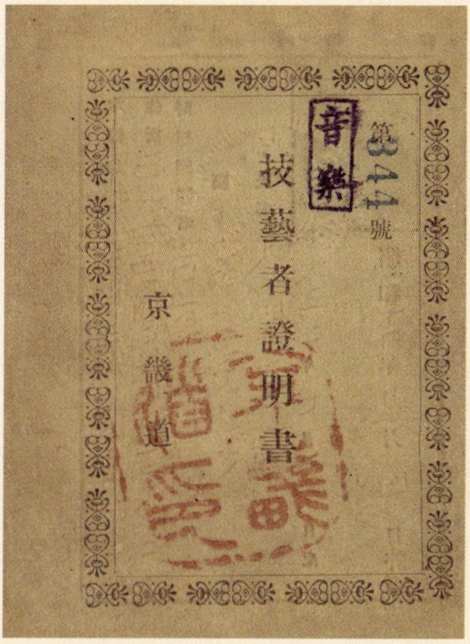

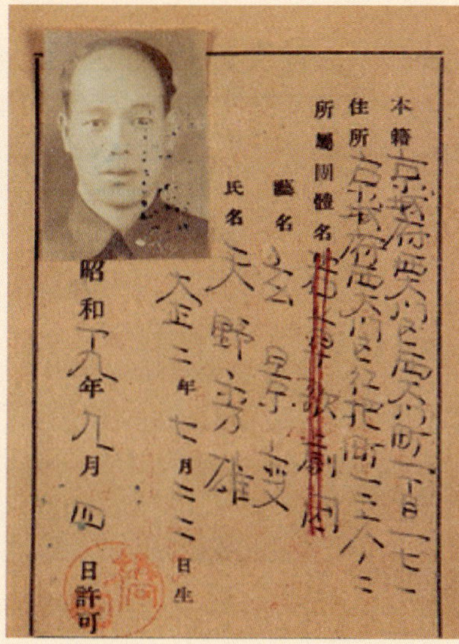

〈그림 14〉 대중음악가 현경섭(玄景燮, 1913~?)의 기예자증명서(경기도 제344호, 1944)

출처: 대한민국역사박물관

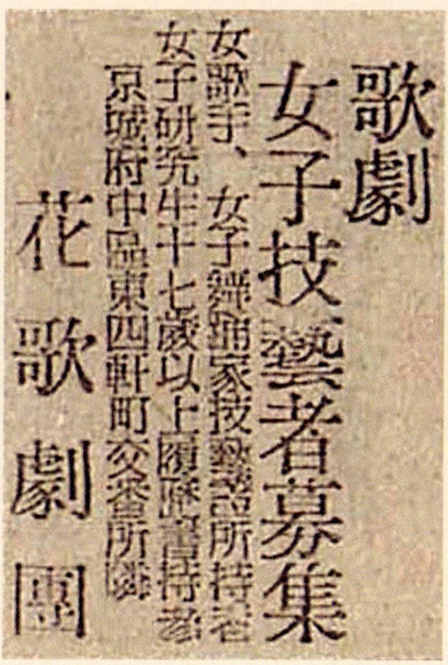

〈그림 15〉 가극단의 여성 기예증 소지자 모집 광고

출처: 『매일신보』, 1945.5.10

조선연극문화협회는 매달 8일 오전 8시에 서울의 모든 공연단체에 속해 있는 연예인들을 집합시켜 일본 천황이 사는 궁을 향해 절을 하는 궁성요배(宮城遙拜)와 남산에서 신사참배(神社參拜)를 거행하였다. 이러한 조선연극문화협회의 매달 행사에 연극연예인은 참여할 수밖에 없었는데, 이는 기예증 때문으로 연극연예인의 기예자 자격시험의 시행과 결정 권한을 조선연극문화협회가 가졌기 때문이었다.

음악기예자 자격시험은 1941년 1월 조선총독부 주도로 조직된 관변 음악단체인 조선음악협회가 위임받아 시행하였다. 조선음악협회는 제1회 음악기예자 자격시험을 1944년 8월 16, 17일 양일간에 걸쳐 배재중학교에서 실시하였고, 응시자 수는 방악(邦樂)·성악·기악 등 8백여 명이었다. 자격시험과목은 일본어·전공실기·구술시험 등이었는데, 구술시험은 전시체제하에서 사상을 검증하는 과정으로, 아무리 전공실기 기량이 뛰어나도 구술시험에서 사상불온으로 낙인찍히면 불합격되었다.

1930년대의 대중문화는 영화, 대중가요음반과 함께 극장 공연무대가 주류를 이루었다. 대중가수들은 극장의 악극단·가극단·쇼악단의 공연에 출연하였고, 따라서 기예자자격증 소유는 필수적인 것이었다. 당시 연예공연단체들은 공연허가를 위해 기예증소지자를 광고를 통해 모집하기도 했으며, 기예증을 받은 예술인들은 전쟁에서의 각종 징집 제외를 조건으로, 일제의 정책 홍보에 적극적으로 동원되기도 했다.

8

일제는 전쟁 시기에 노래를 어떻게 검열했는가?

- 레코드신취체방침(1938)

1937년 7월 중일전쟁이 발발하자 일본은 국가를 지키기 위해 자기를 희생하는 국민의 정신, 즉 멸사봉공(滅私奉公)의 국민정신총동원운동(國民精神總動員運動)을 전개하는 등 전시체제로 전환하였다. 8월 24일에 「국민정신총동원실시요강」을 발표하였고, 총동원운동의 실시 기관으로 1937년 10월 12일 국민정신총동원중앙연맹(國民精神總動員中央聯盟)을 조직하였다.

일본의 국민정신총동원운동은 식민지 조선에서도 전개되었는데, 1938년 6월 22일 경성 부민관에서 발기인총회를 개최하고, 7월 7일 중일전쟁 발발 1주년이 되는 날에 경성운동장에서 국민정신총동원조선연맹(國民精神總動員朝鮮聯盟)을 조직하였다. 이 조선연맹의 목표는 일본의 국민정신총동원중앙연맹이 내세운 3대 목표인 거국일치(擧國一致), 견인지구(堅忍持久), 진충보국(盡忠報國)에 조선의 특수성을 반영한 내선일체(內鮮一體)와 황국신민화(皇國臣民化)를 추가한 것이었다.

일본 내무성은 1937년 8월 영화 관계자 및 음반사 관계자와의 간담회를 열어, 음반은 대중에게 미치는 영향이 크므로 음반을 통하여 총후의 수호를 보다 더 공고히 해야 된다고 전달하였고, 이에 음반사 관계자들은 당국의 취지에 맞도록 활동하겠다는 뜻을 밝혔다.

1) 전시하의 노래검열 기준, 레코드신취체방침

1938년 1월 일본 내무성 검열과에서는 전시체제하에 적용할 새로운 음반검열 기준인 「레코드신취체방침(新取締方針)」을 발표하였다. 이 신취체방침의 목적은 전시체제하의 시국반영을 통한 사회 분위기 조성이었다. 신취체방침은 음반검열 대상을 '시국반'(時局盤, 시국음반)과 '유행가'로 나누었는데, 신취체방침의 핵심은 시국반에 대한 검열이었다. 시국반은 당시 시국 관계 내용의 음반을 일컫는데, 이는 곧 전시(戰時) 관계 내용의 음반을 의미하는 것이었다. 기존 음반검열 영역은 치안방해와 풍속괴란으로 분류되었는데, 국가가 전시체제로 전환되면서 검열 내용에 '시국'이 추가된 것이다.

〈표 7〉 레코드신취체방침(1938.1)

구분	내용(검열 기준)
시국반	① 개선(凱旋)을 취급한 것 ② 전사(戰死)를 애상적으로 노래한 것 ③ 나약한 감정을 부러너흔 것
유행가	① 음미(淫靡)에 기울닌 것 ② 술, 담배, 기타를 주제로 해서 데카단(퇴폐)에 기울린 것 ③ 여행각중(旅行脚中) 시정(市井)의 도(徒)의 적은 의리인정을 중심으로 한 것

시국반의 단속 기준은 기존 음반의 단속 기준인 치안방해에 없었던 내용인 반면 유행가의 단속 기준은 기존 풍속괴란을 확대한 것이었다. 곧 레코드신취체방침은 전시체제로의 전환에 따른 조치였던 것이다.

조선총독부도 중일전쟁 발발 후 총후의 지킴을 굳게 하고 긴장된 생활을 가지게 하기 위하여 음반 단속을 강화하였다. 1938년 1월에는 국민정신총동원 주지(主旨)에 따라 불건전한 가요를 정화하고 시국정신을 고취시키기 위해 음반 단속을 더욱 강화할 것임을 공표하였다. 곧 일본 내무성 검열과의 레코드신취체방침이 식민지 조선에도 적용된 것이다. 이에 따라 조선에서도 치안방해에서 나아가 전시체제하의 시국을 반영한 새로운 검열 기준을 적용, 단속하였다.

조선총독부는 1941년 제79회 제국의회의 「조선 내 축음기레코드 단속상황보고」에서 군인 유가족의 궁핍을 서술하거나 출정 군인의 처참한 상황을 말하여 사기를 떨어뜨리는 내용을 담은 것들에 대해서는 엄중하게 단속을 계속하고 있다고 밝히고 있어, 레코드신취체방침의 시국반 단속 기준이 식민지 조선에 적용되고 있음을 알 수 있다. 이는 음반사의 제작 상황에서도 나타나는데, 1939년 3월 월간잡지 『조광』에 실린 '레코드계의 좌담회'에서 작사가이자 포리돌레코드의 문예부장인 왕평(王平, 1908~1940)은 "시국가(時局歌)는 철두철미 시국가래야 하지 거기에 무슨 감상적 기분을 섞으면 첫째로 검열이 통과가 안 됩니다"라고 말하고 있다.

조선총독부는 일반적인 사랑과 연애 감정을 표현하는 곡마저도 '풍속괴란'으로 금지하는 경향을 보였고, 댄스음악도 전시하의 신생활운동 차원에서 금지시켰다. 이러한 조치는 전시하에서 사랑·연애 등의 감정을 드러내는 노래가 나약한 감정을 드러내기 때문이었다. 대신 총후의 사기를 돋우는 '군국조(軍國調)'의 가요가 권장되었고, 전시체제의 사회적 분위기를 조성하기 위하여 오후 5시 이전에는 다방 · 식당 · 카페에서 회상적이고 감상적인 유행가 음반의 공개 연주(재생)를 금지하였다. 또한 이러한 조치의 성과를 위해 때때로 음반사 관계자들을 소집하여 총후국민의 건전한 정서를 위한 음반을 유통시킬 것을 주지시키는 시국간담회를 가지기도 하였다.

2) 전시하의 음반단속, 적성음반일소운동

태평양전쟁이 발발하자 일본 정보국은 연합군 참가 국가의 음악을 적성음악(敵性音樂)으로 규정하였고, 1943년 '적성음악추방령'을 발표하여 영국과 미국 등의 음악을 금지시켰다. 이뿐만 아니라 1940년 10월 일본의 '신체제운동(新體制運動)'을 수용하여 "국방국가체제의 완성과 동아신질서의 건설에 매진함을 목적(연맹규약 제2조)"으로 발족한 국민총력조선연맹(國民總力朝鮮聯盟)에서 적성음반일소운동(敵性音盤一掃運動)을 전개하였다.

적성음반일소운동은 실천방법으로 적성음반 회수활동을 전개하였는데, 회수방법으로는 ① 애국반장(愛國班長)이 각 반원이 소지한 적국레코드를 사전 조사하고, ② 애국반장이 각 반원이 공출할 레코드를 취집(取集)하거나 반원 각자로 하여금 자발적 공출(供出)하도록 종용하며, ③ 공출한 음반을 레코드특약점에 가지고 가면 10인치판은 1장에 10전(錢), 12인치판은 1장에 15전의 가격으로 레코드특약점이 구입하도록 하였다. 또한 음반 소유자가 공출을 거부하면 칼로 음반을 좌우로 그어 험을 내 사용하지 못하게 하였다.

적성음반 회수에 대한 대국민 주지활동도 전개하였는데, 주지방법으로는 레코드특약점의 앞쪽에 회수와 매상의 간판을 게시하고, 백화점 및 상점 등에 적성레코드를 쌓아 놓으며, 영화관 등에서 장내방송으로 주지시키는 것이었다. 한편 이미 일본어로 학교교육을 통하여 알려진 영·미의 노래는 적성음악 대상에서 제외되었다.

9

일제의 노래검열 기준과 처분 사유는 무엇이었나?

- 일반검열표준(1936)

일제강점기 전 시기를 통하여 각종 법률에서 꾸준히 제시되고 공개된 검열의 처분 사유는 '치안방해(안녕문란)'와 '풍속괴란'이었다.

1) 검열의 처분 사유, 치안방해와 풍속괴란

보안법은 안녕질서를 보지(保持)하기 위하여 필요할 경우에 집회 또는 다중의 운동 혹은 군집을 제한·금지 또는 해산할 수 있고(제2조), 가로(街路)나 기타 공개한 처소에서 문서·도화의 게시와 분포와 낭독 또는 언어와 형용(形容)과 기타의 작위를 하여 안녕질서를 문란할 우려(慮)가 있음으로 인식(認)할 시에는 그 금지를 명할 수 있었다(제4조).

출판법은 검열 기준으로 국교를 저해하거나 국헌을 문란하게 하는 것, 외교와 군사의 기밀에 관한 것, 안녕질서를 방해하거나 풍속을 괴란한 것으로 제시하고 있으며(제11조), 안녕질서를 방해하거나 풍속을 괴란하는 것은 발매·반포를 금지하고 해당 각판이나 인쇄본을 압수할 수 있었다(제12, 16조).

흥행취체규칙은 예인 또는 사용인이 공안을 해치거나 풍속을 어지럽힐 염려가 있다고 인정될 경우 관할 경찰서는 그 취업을 정지하거나 해고할 수 있었고(평안남도령 제2호 흥행취체규칙 제16조, 함경북도령 제4호 흥행취체규칙 제33조), 관할 경찰서의 흥행허가를 받았다 하더라도 공안 및 풍속 등을 해칠 염려가 있다고 인정되는 경우에는 취소하거나 임석경관이 그 흥행을 정지하거나 제한할 수 있었다(평안남도령 제2호 흥행취체규칙 제25조, 충청북도령 제12호 흥행취체규칙 제9조, 함경북도령 제4호 흥행취체규칙 제29조).

축음기레코드취체규칙은 축음기레코드가 치안을 방해하거나 풍속을 해칠 우려가 있다고 인정될 때 도지사는 그 제조·판매·수여 또는 연주를 제한하거나 금지할 수 있었다(제4조).

이처럼 일제강점기의 각 법률에 나타난 검열 및 단속의 기저(基底)는 '치안방해'와 '풍속괴란'이었다. 검열의 대기준이자 금지 사유인 치안방해와 풍속괴란은 공개되었지만, 그 세부 기준은 공개되지 않았다. 세부 기준은 조선총독부 출판경찰의 내부에서만 공유해 온 비밀 사항이었기 때문이다. 그러면 치안방해와 풍속괴란의 세부 검열 기준이 무엇이었고, 어떤 과정을 거쳐 정립되었는지 살펴보자.

조선총독부의 출판물 검열 초기에는 신문지와 잡지에 게재된 불온기사의 사례를 분류, 집합하여 제시하던 방식을 채용하였다. 조선총독부가 치안방해와 풍속괴란에 해당하는 검열상의 표준 기준을 마련하여 전국적으로 시행한 것은 1917년 3월 29일 내훈(內訓) 갑(甲)2호로 각 도에 통첩

하면서였다. 이후 『1927년도 신문지출판물요항』(1928)에서 13개항으로 검열 기준을 명확화한 「간행물행정처분표준」을 제시하였고, 『조선에서의 출판물개요』(1929~1930)에서 19개항으로 구분된 검열 기준인 「조선문간행물행정처분예」를 제시하였다.

1936년 조선총독부는 검열의 범주를 치안방해와 풍속괴란의 2개 영역으로 나누고, 치안방해 28개항과 풍속괴란 11개항으로 세부 검열 기준을 표준화한 「일반검열표준」을 제시하였다(조선총독부 경무국 도서과, 1937, 『조선출판 경찰개요』). 2개 영역 39개항으로 구성한 1936년의 일반검열표준은 이후 일제강점기 동안 통일된 출판물 및 저작표현물의 세부 검열 기준으로 자리잡았고, 모든 출판물과 음반 등 표현물의 검열에 적용되었다. 초기 검열은 명확한 기준이 없어 검열자의 주관에 의존하였지만, 시간에 지나면서 그동안의 경험을 바탕으로 통일된 검열 기준이 마련된 것이다. 즉, 검열 기준의 표준화는 초기 사례 중심에서 개념 중심으로의 구체화(표준화) 과정을 통해 정립된 것이다.

2) 식민 지배를 위한 검열 기준, 일반검열표준

그런데 검열 기준의 기본 틀은 일본에서 사용된 검열 기준에 기초하였다. 일본은 1934년에 「안녕 · 풍속에 관한 출판물검열표준」을 정하였는데, 조선의 검열표준은 일본의 검열표준에 식민지 조선의 특수한 사항을 추가한 것이었다. 일본의 출판물검열표준은 안녕문란 사항 15개항과 풍속괴란 사항 6개항으로 구성되었는데, 조선의 검열표준의 치안방해 사항은 일본의 안녕문란 사항 15개항에 13개항을 추가한 28개항으로, 풍속괴란 사항은 일본의 6개항에 1개항을 추가하고, 일본의 외설적인 사항을 5개항으로 세분화하여 11개항으로 구성한 것이었다. 조선의 검열 기준이 풍속보다 치안에 중점을 두었음을 알 수 있다.

〈표 8〉 일반검열표준(조선, 1936)과 출판물검열표준(일본, 1934)의 구성 비교표

구분		일반검열표준(조선)	출판물검열표준(일본)
치안방해	동일 항목	15개항	15개항
	추가 항목	13개항	-
	합계	28개항	15개항
풍속괴란	동일(세분화) 항목	5(5)개항	6개항
	추가 항목	1개항	-
	합계	11개항	6개항

〈표 9〉 일반검열표준(조선, 1936)과 출판물검열표준(일본, 1934) 비교표

일반검열표준(조선)	출판물검열표준(일본)
□ 치안방해(안녕문란)	
1. 황실의 존엄을 모독할 우려가 있는 사항	1. 황실의 존엄을 모독하는 사항
2. 신궁, 황릉, 신사 등을 모독할 우려가 있는 사항	
3. 조국(肇國)의 유래, 국사(國史)의 대체(大體)를 곡설분갱(曲說紛更)하고, 기타 국체(國體) 관념을 동요시킬 우려가 있는 사항	
4. 국기, 국장(國章), 군기, 국가에 대하여 이를 모독할 우려가 있는 사항	
5. 군주제를 부인하는 것 같은 사항	2. 군주제를 부인하는 사항
6. 법률재판 등의 국가권력 작용에 관하여 계급성을 고조하거나, 이를 곡설(曲說)하고 기타 국가기관의 위신을 실추시킬 우려가 있는 사항	4. 법률, 재판 등 국가권력 작용의 계급성을 고조시키고, 그 외 이것을 심하게 곡설하는 사항

7. 비합법적으로 의회제도를 부인하는 사항	7. 비합법적으로 의회제도를 부인하는 사항
8. 공산주의, 무정부주의의 이론 내지 전략전술을 지원·선전하거나 그 운동의 실행을 선동하는 사항 9. 혁명운동을 선동하거나 이를 상양(賞揚)하는 것 같은 사항	3. 공산주의, 무정부주의 등의 이론 및 전략전술을 선전하거나 그 운동의 실행을 선동하고 또는 그러한 종류의 혁명단체를 지지하는 사항
10. 폭력직접행동, 대중폭동 또는 각종 쟁의, 동맹파업, 동맹휴교 등을 선동하거나 원조하며 상양(賞揚)하는 것 같은 사항	5. 테러, 직접행동, 대중폭동을 선동하는 사항
11. 납세, 기타 국민의무를 부인하는 사항	
12. 외국의 군주, 대통령 또는 제국에 파견된 외국사절의 명예를 훼손하고 이로 인해 국교상 중대한 지장을 초래할 우려가 있는 사항	9. 외국의 군주, 대통령 또는 제국에 파견된 외국사절의 명예를 훼손하여 이것이 위국교상(爲國交上) 중대한 지장을 초래하는 사항
13. 군사 외교상의 기밀에 관계되거나 국가의 불이익을 초래할 우려가 있는 사항	10. 군사상·외교상 중대한 지장을 초래할 만한 기밀 사항
14. 국군 존립의 기초를 동요시키거나 그 통제를 문란케 할 우려가 있는 사항	8. 국군 존립의 기초를 동요시키는 사항
15. 군질서를 문란케 하거나 군민 이간 및 반군사상을 선동·고취하는 사항	
16. 전쟁 도발의 우려가 있는 사항	14. 전쟁 도발의 염려가 있는 사항
17. 반만(反滿) 항일(抗日) 또는 배일(排日)을 시사(示唆) 선동하거나 이를 상양(賞揚)하는 것 같은 사항	
18. 재계를 교란하고 기타 현저하게 경제계의 불안을 야기시킬 우려가 있는 사항	13. 재계를 교란하고 그 외에 현저하게 사회의 불안을 야기하는 사항
19. 범죄를 선동하거나 곡비(曲庇)하며, 범죄인 또는 형사피고인을 상휼(賞恤) 구호하는 사항	11. 범죄를 선동, 곡비하거나 범죄인 또는 형사피고인을 상휼, 구호하는 사항
20. 공개되지 않은 관청의 문서 또는 의사(議事)에 관한 사항	
21. 공판에 회부하기 전에 중죄, 경죄의 예심에 관한 사항 및 방청을 금한 재판에 관한 사항	
22. 중대 범죄의 수색상 심대한 지장을 초래하거나 그 불검거로 인하여 사회의 불안을 야기하는 것 같은 사항	12. 중대범인이 수사상 막대한 지장을 일으키고 그를 검거하지 못함으로 인하여 사회의 불안을 야기하는 사항

23. 조선의 독립을 선동하거나 그 운동을 시사하고, 이를 상양(賞揚)하는 것과 같은 사항	6. 식민지의 독립운동을 선동하는 사항
24. 내지인과 조선인 간의 대립을 시사(示唆) 선동 또는 선전하며, 내지인 및 조선인 간의 융화를 저해할 우려가 있는 사항	
25. 조선 민족의식을 앙양(昂揚)하는 것 같은 사항	
26. 조선총독의 위신을 훼손하거나 조선 통치의 정신에 배반하는 것 같은 사항	
27. 조선민족의 처지를 곡설(曲說)하고 이를 모멸하여 기타 조선 통치상 유해하다고 인정되는 사항	
28. 기타 안녕질서(치안)를 방해하는 사항	15. 그 외 현저하게 치안을 방해하는 사항
□ 풍속괴란	
1. 춘화와 음본(淫本)의 유(類)	1. 외설적인 사항
2. 성, 성욕, 성애 등에 관한 기술로 음외(淫猥) 수치의 정을 일으켜 사회의 풍교(風敎)를 해치는 사항	
3. 음부를 노출한 사진, 회화, 그림엽서의 유(아동은 제외)	
4. 음부 노출을 하지 않았으나 추악하고 도발적인 표현을 한 나체사진, 회화, 그림엽서의 유	
5. 선정적 혹은 음외 수치의 정을 유발할 우려가 있는 남녀 포옹, 입맞춤(接吻, 아동 제외)의 사진, 회화의 유	
6. 난륜(亂倫)의 사항. 단, 난륜의 사항을 기술하여도 조사평담(措辭平淡)하고 거듭 선정적 혹은 음외한 자구의 사용이 없는 것은 아직 풍속을 해치는 것으로 인정치 않는다.	2. 난륜적인 사항
7. 타태(墮胎)방법 등을 소개한 사항	3. 낙태방법 등을 소개하는 사항
8. 잔인한 사항	4. 잔인한 사항

9. 유리(游里), 마굴(魔窟)의 소개로서 선정적이거나 또는 호기심을 도발하는 것 같은 사항	5. 유곽, 마굴 등의 소개를 선정적으로 표현하거나 호기심을 도발하는 사항
10. 서적 또는 성구(性具) 약품 등의 광고로서 현저하게 사회의 풍교(風敎)를 해칠 사항	
11. 기타 선량한 풍속을 해칠 사항	6. 그 외에 선량한 풍속을 해하는 사항

출처: 朝鮮總督府警務局圖書課, 1937, 「朝鮮內新聞雜誌竝に普通出版物の取締狀況」, 『朝鮮出版警察槪要』, 76~79쪽; 이지선, 2009, 「중일전쟁 전후 일본의 음반검열에 관한 연구」, 『일본문화학보』 제43집, 349~350쪽; 정근식, 2012, 「식민지검열과 '검열표준': 일본 및 대만과의 비교를 통하여」, 『대동문화연구』 제79집, 30~31쪽.

조선의 치안방해 사항은 일본의 출판물검열표준에 없는 내선융화 저해, 민족의식 앙양, 조선 통치정신 배반, 조선 통치상 유해 등의 식민 지배에 관한 사항이 수록되었고, 적용범위도 일본의 기준에 비해 광범위하였다. 이는 조선의 일반검열표준의 목적이 사상검열(통제)에 있었고, 식민지 조선의 지배를 위한 적용에 있었음을 보여 준다.

3) 식민지 검열 기준의 논리, 외지특수사정론

이러한 일본과 식민지 조선 간의 검열표준 적용 차이에 대해 대만총독부의 경무국 보안과 도서검열실 검열관이었던 스즈키 세이치로(鈴木清一郎)의 설명이 그 이유를 말해 준다. 스즈키는 식민 본국인 일본과 식민지인 조선이나 대만에서의 검열표준의 차이를 다음과 같이 언급하였다.

> 이 금지표준은 그 지방의 민족, 정치조직, 기타 사정이 다름에 따라 당해 기사의 효과의 영향력에 관계가 있다. 예를 들면 내지에서의 금지표준과 외지, 즉 조선과 대만 등에서의 표준은 명백히 다르다. 외지는 내지에 비하

여 특수사정이 존재하므로 이로 인해 금지표준도 내지와 다른 것이 일반적이며, 그 결과 외지에서의 금지표준이 내지에 비하여 특수사정에 의존하는 경우가 많다. 그 때문에 외지는 내지에 비해 언론을 압박한다는 비난이 생겨나는 일이 많다.

- 스즈키 세이치로(鈴木淸一郎), 1937, 『대만출판관계법령석의(臺灣出版關係法令釋義)』, 臺北: 杉田書店, 105쪽을 인용한 정근식, 2012, 「식민지검열과 '검열표준': 일본 및 대만과의 비교를 통하여」, 『대동문화연구』 제79집, 27쪽에서 재인용.

스즈키의 이러한 '외지특수사정론'은 식민 본국과 식민지 조선 간의 차별을 정당화하는 근거로 작용했다. 일제 검열당국은 이런 특수사정과 보편적 원칙을 동시에 만족시키는 검열 기준을 만들 필요를 갖고 있었다.

조선총독부의 『제국의회 설명자료』(1937)에 의하면, 검열 기준 중 음반의 현장 단속에서 주로 행정처분된 세부 사유로는 치안방해는 현 제도 조직의 저주, 계급투쟁 선동, 민족의식 고취선동, 내선융화의 저해, 신사(神社)존엄 모독, 시국상 사기저하 등이었고, 풍속괴란은 외설스러운 정사 설교(說敎), 정욕 선정(煽情), 정교(情交) 묘사 등이었다.

현 제도 조직의 저주 및 계급투쟁 선동의 사유는 일반검열표준 중 8~10항인 공산주의, 무정부주의, 혁명, 쟁의, 파업 등의 선전·선동·지지와 관계된 것이었다. 일제는 3·1운동 이후 독립의식이 팽배하고 시대적 조류에 따라 공산주의사상(사회주의)이 보급되자 공산주의사상을 검열의 대상으로 삼았다. 이에 따라 노동절(5월 1일)과 관계된 운동가인 〈메이데이 노래(May Day Song)〉, 〈우크라이나혁명가〉, 〈독일공산당혁명가〉 등을 치안방해의 사유로 금지처분하였다.

표현의 자유를 제한한 음란물 검열은 유교적 이데올로기가 주류였던 조선 사회의 동의를 얻을 수 있었고, 이는 검열제도에 대한 저항을 반감시키는 요인으로 작용할 수 있었다.

검열 기준이 사례 열거로부터 추상적인 기준을 개념화한 표준주의로 나아간 것은 항목 자체의 추상화로 인해 그 적용이 오히려 넓어졌다는 해석을 내릴 수 있다. 이는 검열표준이 특정 사항의 범주에 지나지 않았고 그 범주에 들어가기만 한다면 검열관은 매우 자의적으로 판단을 할 수 있었기 때문이다. 조선총독부 도서과의 검열관 오카다 준이치는 "무엇이 치안을 방해하고 풍속을 문란하게 했는가는 전적으로 해석상의 문제이다"라고 검열상 판단의 주관성을 인정하기도 했다.

법률에 의한 행정처분 사유는 치안방해 내지 풍속괴란으로만 발표될 뿐 피검열자들은 실제 적용된 구체적인 검열 기준(금지 사유)을 알 수 없었다. 구체적인 검열 기준은 조선총독부 출판경찰 내부의 비밀 영역에 속했고, 그 내용은 조선총독부 경무국이 내부용으로 출판한 극비문서에만 수록되었기 때문이었다.

10

일제의 노래검열전략은 무엇이었나?

- 사전·사후검열, 전일적 검열, 자기검열, 민간간담회

일제의 노래통제전략은 네 가지로 나누어 볼 수 있다. 이 네 전략은 검열대상에 대한 사전 · 사후의 이중검열 과정, 노래 관련 전 영역(여러 대상)에 대한 전일적 통제전략, 비제도적 검열 과정이자 사전검열 과정인 자기검열 메커니즘 구축이다. 그리고 사전통제단계로서의 민간간담회 등이다.

1) 사전·사후의 이중검열체계 구축

일제는 노래검열에서 있어 사전신고제와 허가 후 현장 검열이라는 사전 · 사후검열의 이중화전략을 취하였다.

출판법은 노래텍스트의 출판 전 사전검열과 출판 후 검열을 시행하였다. 문서 · 도화를 출판하고자 할 때는 저작자, 그 상속자와 발행자가 연인(連印)하고 고본(稿本)을 첨부하여 지방관장을 경유하여 내부대신에게 허가를 신청해야 했고(제2조), 허가를 받지 않고 출판한 저작자·발행자는 구별에 따라 처단하였다(제11조). 또한 본 법을 위반하여 출판한 문서·도화의 발매·반포를 금지하고 해당 각판(刻版)과 인쇄본을 압수할 수 있었다(제13조). 이처럼 출판법은 원고의 사전검열과 출판물의 배포 전 납본검열을 하였고, 출판법 공포 이전에 출간된 문서에 대해서도 검열을 통해 발매·반포를 금지하고 해당 각판이나 인쇄본을 압수할 수 있었다.

공연을 통제한 흥행취체규칙도 공연 전 사전검열과 사후검열을 시행하였다. 흥행을 하려는 자는 경찰관리의 인가를 받아야 했고, 흥행허가를 받았다 하더라도 치안 및 풍속 등을 해칠 염려가 있다고 인정되는 경우에는 취소하거나 임석경관이 그 흥행을 중지하거나 제한할 수 있었다.

공연예술인을 통제한 조선흥행등취체규칙은 흥행자 허가를 받은 자가 아니면 업으로 흥행을 할 수 없도록 했으며(제6조), 흥행은 흥행지 소관 경찰서장의 허가를 받지 아니하면 할 수 없게 하였다(제23조). 도지사는 흥행자 허가를 받은 자가 품위를 실추하는 행위를 하거나 기타 당해 업무에 종사하기에 적당하지 아니하다고 인정되는 때에는 업무를 정지하거나 허가를 취소할 수 있었고(제12조), 행정관청은 당해 관리로 하여금 상연 또는 흥행을 하는 장소에 임검하게 할 수 있었다(제34조). 임검을 거부·방해 또는 기피한 자는 100원 이하의 벌금·구류 또는 과료에 처하는 등 사법처분을 받았다. 특히 임석경관에 의한 사후검열은 흥행장 내에서 이뤄지는 모든 것을 감시하고 판단하여 흥행을 중지할 수 있는 현장 검열이었다.

축음기레코드취체규칙도 음반의 사전·사후의 이중검열체계였다. 법률상 음반 제작 후 10일 이내에 관할 경찰서장을 경유하여 도지사에게 음반내용을 신고하도록 되어 있는 사후검열체계였으나, 현장에서는 당국에 의해 제작 전 내용의 사전검열이 이루어졌다.

2) 전 영역에 대한 전일적 검열체계 구축

일제는 노래에 대한 사전·사후의 검열체계 외에 노래책·음반·공연·예술인의 통제라는 전일적(全一的) 통제전략을 시행하였다. 통제대상별로 법률을 적용하였는데, 출판법은 노래책통제, 축음기레코드취체규칙은 음반통제, 흥행취체규칙은 공연통제, 조선흥행등취체규칙은 기획자 및 예술인 통제 등이었다. 즉, 각 법률은 서로 연관성을 가지고 시행되었으며, 노래 자체의 통제에서 탈피하여 노래책·음반·공연·흥행자·음악인 등 통제대상을 전방위적으로 확대하였다.

법률 제정 시기를 통한 검열대상의 통제단계를 보면, 노래책·가요해설서(출판법) → 공연(흥행취체규칙) → 음반(축음기레코드취체규칙) → 예술인·기획자(조선흥행등취체규칙)의 순이었다. 즉, 통제 대상이 텍스트(객체)에서 행위(객체)로 그리고 행위자(주체)로 확대되는 전략을 취하였고, 확대 시기는 10여년 간격으로 이루어졌다.

〈표 10〉 노래검열 관련 법률 제정 단계

검열대상	법률	시기	비고
노래책, 음반해설서	출판법	1909	텍스트(객체)
공연	흥행취체규칙	1922	행위(객체)
음반	축음기레코드취체규칙	1933	
예술인, 기획자	조선흥행등취체규칙	1944	행위자(주체)

3) 사전검열로서의 자기검열체계 구축

음반의 검열은 두 가지 방식으로 이루어졌다. 하나는 검열당국에 의한 강제적 검열이었고, 다른 하나는 음반제작 전 음반사에 의한 자의적인 자기검열이었다. 특히 음반사의 자기검열은 검열당국이 검열체제의 성공으로 보는 성과였다. 자기검열의 시스템이 작동할 때 검열당국은 검열에 많은 시간과 인적 자원을 투입하지 않고 검열의 효과를 극대화할 수 있었고, 강제적 통제라는 비난으로부터도 자유로울 수 있는 명분을 얻을 수 있기 때문이었다.

자기검열은 외형상 자의적일지라도 내면은 실질적인 검열의 위험 앞에서 내린 결정이었다. 자기검열은 당국에 의한 강제적 검열보다 더 나쁜 성향을 갖는데, 당국의 검열은 판결이든 조치든 어떠한 형태의 흔적을 남기지만, 자기검열은 흔적을 남기지 않으며, 검열대상을 처음부터 아예 없던 것으로 만들어 버려 세상에 존재하지 않았던 것이 되기 때문이다. 곧 자기검열은 눈에 보이지 않는 검열인 것이다.

음반사가 자기검열을 할 수밖에 없던 이유는 자본이라는 경제적 문제 때문이었다. 음반제작 발매 후 처분조치를 받으면, 압수조치가 되고 유통이 금지되기에 제작과 유통에 투입된 자본을 회수하지 못하는 막대한 경제적 타격을 입게 된다. 음반사는 경제적 리스크(risk)에 선대응하기 위한 방편으로 자기검열을 할 수밖에 없었고, 검열당국은 음반사의 자기검열 작동을 검열체계의 성공적 작동으로 생각했던 것으로 보인다.

음반사는 음반에 대한 자기검열로 인해 검열의 대상이면서도 작가에 대해 검열의 소주체로 기능했다. 검열당국의 최종 목표는 작가(작사, 작곡, 가수)의 통제이지만, 당국은 작가의 활동 통로인 음반자본의 통제를 통하여 간접통제를 했던 것이었다. 포리돌레코드의 문예부장(1938)이었던 김준영(金駿泳)이 1938년 2월 월간 잡지 『조광』에 기고한 「레코드 문예부장의 제작고심기」에서 음반사 문예부장의 역할로 가수의 인선, 작사·작곡·편곡의 선곡, 극각본 등의 선곡, 가수의 연습, 취입예산편성, 매월신보 선정, 월보편집 외에 검열을 언급하고 있는데, 이것이 음반사의 검열 소주체로서의 기능이었던 것이다. 음반자본에 의한 자기검열은 검열기능의 상당부분을 민간에 위탁하는 메커니즘이 작동한 것으로 볼 수 있다.

조선총독부 경무국 도서과장인 시미즈 시게오(清水重夫, 1894~1982)는 음반제작자의 신고 전 자기검열로 인하여 압수처분이 감소하는 등 효과가 크다고 밝히고 있다.

> 영업자 중에는 취체규측 시행 당초에는 그 수속의 번잡에 대하야 비란하는 자도 잇섯스나 취체의 정신을 점차 량해함에 따라 최근은 업자 측에서 자발적으로 레코드의 내용을 검토한 후 미리 작제하고 혹은 제작 전에 당국의 심의를 구하는 등 다대한 주의를 하게 되엇슴은 깃분일이다. … 레코드의 내용은 날을 따라 개선되어 금일에 잇서서는 불온불량한 레코드는 거의 그 자취를 감추게 되어 규측 시행 전의 상태와 비교하면 그 면목이 일신되엇다.
>
> -「레코드 면목일신, 취체의 효과가 이러케 크다, 시미즈(清水) 도서과장 담(談)」, 『매일신보』, 1934. 2. 2

일제강점기 조선총독부의 노래에 대한 검열은 사전·사후라는 이중검열장치를 두어 언제든지 자신들이 설정한 통제 기준을 벗어나는 상황이 전개되면 행정적·사법적 처분을 할 수 있도록 제도를 마련하였고, 노래 자체뿐만 아니라 노래책·공연·교수·음반·기획자 및 예술인까지 가요 관련 전 영역에 검열제도를 마련하여 노래에 대한 촘촘하고 체계적인 전일적 검열전략을 구사하였다. 이뿐만 아니라 작품의 당국 제출 전 '자기검열'이라는 사전민간검열 메커니즘을 구축하였다.

4) 사전통제단계로서의 민간간담회

일제의 구체적인 검열 기준과 내용은 조선총독부의 내부용 극비출판 문서에만 수록되어 공개되지 않았다. 그러나 세부 검열 기준의 일부가 공개되기도 했는데, 공식문건이나 발표가 아닌 경무국 도서과 주최의 민간 관계자들과의 간담회 자리에서였다. 즉, 경무국 도서과의 비밀 사항이었던 일반검열표준은 '공식적 검열 기준'이었고, 관계자 간담회를 통하여 외부에 공개된 기준은 '준(準)공식적 세부 검열지침'이었다. 민간 관계자(음반사 관계자 등)와의 간담회는 비공식적인 방식으로 조선총독부의 검열 취지와 지침을 전달하는 통로였기에 공식적인 검열 기준(일반검열표준)보다 구체적인 세부 검열지침 수준으로 전달되었다. 간담회는 관계자만을 대상으로 했기에 당국의 검열정책 방향이나 세세한 요구들을 설명할 수 있었고, 참여한 관계자들과의 긴밀한 협조를 통해 선제적으로 검열의 효율성을 제고하는 기능을 하였다.

조선총독부는 출판물의 행정처분 유형을 '주의·간담·경고·금지'의 사전통제 4단계로 설정하고 있었는데, 간담회는 친밀하게 서로의 의견을 나눈다는 사전적 의미가 아닌 사전통제장치의 한 단계로 설정하고 있었다. 간담은 외형상 상호적 형식을 띠지만, 출판업자에 대한 허가권을 가진 당국의 종용과 의사 표시이기에 일방적인 것이었고 사전통제의 단계에 속하는 것이었다. 행정처분의 네 유형 중 금지만이 법규에 규정하고 있으나, 현장에서는 간담회도 실질적으로 법에 의한 규제와 같은 영향력을 지니고 있었다.

참고문헌

1. 자료

〈관보〉

- 『大韓帝國官報』, 『朝鮮總督府官報』.

〈조선총독부 문서〉

- 岡田順一, 1933.6, 「蓄音機'レコード'取締に就いて」, 『警務彙報』 第326號, 朝鮮總督府 警務局內 朝鮮警察協會.
- ______, 1934.7, 「改定出版法の概要」, 『警務彙報』 第339號.
- 兼田要, 1936.9, 「新聞の取締に就いて」, 『警務彙報』 第365號.
- 國民總力朝鮮聯盟, 1943, 『國民總力運動要覽』.
- 國民總力朝鮮聯盟 編, 1945, 『朝鮮に於ける國民總力運動史』.
- 文部省, 1938.10, 「教化と映畫政策」, 『警務彙報』 第390號.
- 王此山, 1934.4, 「歌謠から流るゝ思想」, 『警務彙報』 第336號.
- 朝鮮總督府 警務局 圖書課, 1928.11, 「不許可差押及削除出版物目錄」, 『朝鮮出版警察月報』 第3號.
- ______, 1929.1, 「不許可差押及削除出版物目錄」, 『朝鮮出版警察月報』 第5號.
- ______, 1930.9, 「不許可差押及削除出版物目錄」, 『朝鮮出版警察月報』 第24號.
- ______, 1931.5, 「不許可差押及削除出版物目錄」, 『朝鮮出版警察月報』 第31號.
- ______, 1933.2, 「朝鮮文出版物差押目錄」, 『朝鮮出版警察月報』 第53號.
- ______, 1934.11, 「朝鮮文出版物差押目錄」, 『朝鮮出版警察月報』 第74號.
- ______, 1934.5, 「4月中ニ於ケル出版物行政處分執行實績: 平安南道」, 『朝鮮出版警察月報』 第68號.
- ______, 1935.5, 「朝鮮文出版物差押目錄」, 『朝鮮出版警察月報』 第80號.

• ______, 1935.9, 「朝鮮文出版物差押目錄」, 『朝鮮出版警察月報』 第84號.
• ______, 1937, 「朝鮮內新聞雜誌竝に普通出版物の取締狀況」, 『昭和11年 朝鮮出版警察概要』.
• ______, 1937.2, 「出版物差押目錄」, 『朝鮮出版警察月報』 第101號.
• ______, 1937.8, 「出版物差押目錄」, 『朝鮮出版警察月報』 第107號.
• ______, 1938.10, 「蓄音機レコード行政處分目錄」, 『朝鮮出版警察月報』 第121號.
• ______, 1938.11, 「蓄音機レコード行政處分目錄」, 『朝鮮出版警察月報』 第122號.
• ______, 1938.12, 「蓄音機レコード行政處分目錄」, 『朝鮮出版警察月報』 第123號.
• ______, 1938.12, 「出版物禁止要項-安寧禁止-削除處分」, 『朝鮮出版警察月報』 第123號.
• ______, 1938.4, 「蓄音機レコード行政處分目錄」, 『朝鮮出版警察月報』 第115號.
• ______, 1938.5, 「蓄音機レコード行政處分目錄」, 『朝鮮出版警察月報』 第116號.
• ______, 1938.6, 「蓄音機レコード行政處分目錄」, 『朝鮮出版警察月報』 第117號.
• ______, 1938.7, 「蓄音機レコード行政處分目錄」, 『朝鮮出版警察月報』 第118號.
• ______, 1938.8, 「蓄音機レコード行政處分目錄」, 『朝鮮出版警察月報』 第119號.
• ______, 1938.9, 「蓄音機レコード行政處分目錄」, 『朝鮮出版警察月報』 第120號.
• ______, 1938.9, 「出版物禁止要項」, 『朝鮮出版警察月報』 第120號.
• 朝鮮總督府 警務局 圖書課, 1940, 「新聞雜誌の取締狀況」, 『朝鮮出版警察概要』.
• 朝鮮總督府 警務局, 1930, 「朝鮮文刊行物行政處分例」, 『朝鮮に於ける出版物概要』.
• ______, 1937, 「蓄音機レコード及解說書檢閱並處分件數」, 『第73回 帝國議會 說明資料』.
• ______, 1937, 「蓄音機レコード取締狀況」, 『第73回 帝國議會 說明資料』.
• ______, 1941, 「映畫の取締」, 『昭和15年 朝鮮警察概要』.
• ______, 1941, 「蓄音機レコードの取締」, 『昭和15年 朝鮮警察概要』.
• ______, 1941, 「蓄音機レコード取締狀況」, 『第79回 帝國議會 說明資料』.
• ______, 1941, 『朝鮮總督府 禁止單行本目錄』.

• ______, 1942, 「蓄音機レコードの取締」, 『昭和16年 朝鮮警察概要』.

• ______, 1943, 「映畫檢閱並蓄音機レコード取締狀況」, 『第84回 帝國議會 說明資料』.

• 朝鮮總督府 警務摠監部, 1912.3, 「押收出版物一覽表」, 『警務月報』 第21號.

• ______, 1912.4, 「2月中 押收處分」, 『警務彙報』 第23號.

• ______, 1912.6, 「5月中 差押處分に附したる出版物左の如し」, 『警務彙報』 第26號.

• ______, 1912.9, 「8月中 發行不許可の出版物左の如し」, 『警務彙報』 第32號.

• 朝鮮總督府, 1935, 『道警察部長會議意見希望事項』.

• ______, 1940, 『朝鮮に於ける國民精神總動員』.

• 朝鮮總督府 編纂, 1937, 『昭和10年 朝鮮總督府統計年報』.

• 池田克, 1934.6, 「出版法の改正趣旨」, 『警務彙報』 第338號.

• 草深常治, 1931.11, 「偶感片々」, 『警務彙報』 第307號.

• 恒緣, 1930.10, 「朝鮮に於ける出版物の考察」, 『警務彙報』 第294號.

• ______, 1930.12, 「朝鮮に於ける出版物の考察」, 『警務彙報』 第296號.

〈단행본〉

• 강범형, 1929, 『신식유행 이팔청춘창가집』, 시조사.

• 京城日報 · 每日申報 編輯, 1937, 「文藝」, 『昭和13年版 朝鮮年鑑』, 京城日報社、每日申報社.

• 강신명, 1936, 『아동가요곡선 삼백곡』, 농민생활사.

• 노영호 편, 1923, 『근화창가』 제1집, 근화사.

• 윤치호 역술, 1905, 『찬미가』, 광학서관.

• 이상준, 1929, 『풍금독습중등창가집』, 삼성사.

• 정경운, 1937, 『청년노래가락창가: 신유행곡레코드대증보』, 광문서시.

• 조선동요연구협회 편, 1929, 『조선동요선집』, 박문서관,

• 조선문예회, 1937, 『조선문예회발표 가곡집 제1집』.

• 최재서 편, 1939, 『소화14년판 조선문예연감』, 인문사.

• 핸드포드 편, 1931, 『정선조선가요집 제1집』, 조선가요연구사.

〈잡지(정기간행물)〉

• 구원회, 1940.4, 「전시하의 레코드계 현상(現狀)」, 『조광』 제6권 제4호.

• 김 관, 1937.11, 「유행가의 제문제: 유행가는 어째 유행하는가」, 『조광』 제3권 제11호.

• ______, 1939, 「유행가이야기」, 『가정의벗』 제21호.

• 김준영, 1938.2, 「레코드 문예부장의 제작고심기」, 『조광』 제4권 제2호.

• 양 훈, 1942.7, 「유행가가 걸어온 길」, 『조광』 제8권 제7호.

• ______, 1942.11, 「전쟁과 음악: 군국조가요이야기」, 『조광』 제8권 제11호.

• 이서구, 1932.10, 「조선의 유행가」, 『삼천리』 제4권 제10호.

• 초병정(草兵丁), 1933.10, 「6대 회사 레코-드전(戰)」, 『삼천리』 제5권 제10호.

• 편집부, 1932.12, 「삼천리뉴-쓰: 인도의 달」, 『삼천리』 제4권 제12호.

• ______, 1934.8, 「레코드 판매점과 육백만원」, 『삼천리』 제6권 제8호.

• ______, 1936.1, 「인기가수좌담회」, 『삼천리』 제8권 제1호.

• ______, 1936.4, 「엇더한 레코드가 금지를 당하나」, 『삼천리』 제8권 제4호.

• ______, 1940.5, 「주요 레코드제작회사 일람」, 『삼천리』 제12권 제5호.

• 편집부, 1939.3, 「레코드계의 내막을 듣는 좌담회」, 『조광』 제5권 제3호.

• ______, 1939.9, 「도서과 주최 문인간담회」, 『조광』 제5권 제9호.

• 한양화랑(漢陽花郎), 1934.9, 「악단메리-그라운드」, 『삼천리』 제6권 제9호.

〈일간지〉

• 『매일신보』, 『조선일보』, 『동아일보』, 『조선중앙일보』, 『조달계보(調達季報)』, 『기독신보』.

2. 단행본

- 검열연구회 편, 2011, 『식민지 검열: 제도 · 텍스트 · 실천』, 소명출판.
- 김순전 · 박경수 · 사희영 · 박제홍 · 장미경 · 김서은 · 유철, 2015, 『제국의 전시가요』, 제이앤씨.
- 노동은, 2017, 『친일음악론』, 민속원.
- 다카시마 긴지(高島金次) 지음, 김태현 옮김, 2012, 『조선영화통제사』, 인문사.
- 문옥배, 2004, 『한국금지곡의 사회사』, 예솔.
- ______, 2013, 『한국공연예술 통제사』, 예솔.
- 민경찬, 1997, 『한국창가의 색인과 해제』, 한국예술종합학교 예술연구소.
- 박용규, 2021, 『일제의 언론 · 출판 · 방송통제』, 동북아역사재단.
- 박찬호 지음, 안동림 옮김, 1992, 『한국가요사』, 현암사.
- 오기노 후지오 지음, 윤소영 옮김, 2022, 『일제강점기 치안유지법 운용의 역사』, 역사공간.
- 이강숙 · 김춘미 · 민경찬, 2001, 『우리 양악 100년』, 현음사.
- 이영미, 1998, 『한국대중가요사』, 시공사.
- 이영미 채록, 2004, 『반야월 구술채록문』, 아르코예술기록원 한국예술디지털아카이브.
- 이하나 · 박영정 · 한상언 · 문옥배, 2023, 『일제의 대중문화통제: 연극 · 영화 · 가요』, 동북아역사재단.
- 임종국, 1985, 『일제하의 사상탄압』, 평화출판사.
- 장유정, 2006, 『오빠는 풍각쟁이야』, 황금가지.
- 장유정 · 서병기, 2015, 『한국 대중음악사 개론』, 성안당.
- 정근식 · 한기형 · 이혜령 · 고노 겐스케 · 고영란 엮음, 2016, 『검열의 제국: 문화의 통제와 재생산』, 푸른역사.
- 정진석, 2008, 『극비 조선총독부의 언론검열과 탄압』, 커뮤니케이션북스.
- 최창익 편, 2003, 『한국대중가요사 1』, 한국대중예술문화연구원.
- 최창호, 1997, 『민족수난기의 가요들을 더듬어』, 평양출판사.

• 한국음반아카이브연구단 엮음, 2011, 『한국 유성기음반 1-5권』, 한걸음더.
• 황문평, 1981, 『노래백년사』, 숭일문화사.
• ______, 1983, 『가요60년사』, 전곡사.
• 홍선영 · 윤소영 · 박미경 · 복보경, 2021, 『사상통제(1): 사상통제 관련 법규와 통제주체』, 동북아역사재단.
• ______, 2022, 『사상통제(2): 사상통제의 실제, 사찰과 탄압 양상』, 동북아역사재단.

3. 논문

• 강영미, 2021, 「식민 권력의 통제, 우회 전략으로서의 개작 : 아동가요곡선 삼백곡을 중심으로」, 『대동문화연구』 제115권.
• 권명아, 2007, 「풍속 통제와 일상에 대한 국가 관리: 풍속 통제와 검열의 관계를 중심으로」, 『민족문학사연구』 제33권.
• 김길연, 2013, 「한국금서의 시대별 양상 연구」, 서경대학교대학원 박사학위논문.
• 김병오, 2004, 「일제시대 레코드 대중화 과정 연구」, 한국예술종합학교 예술전문사 학위논문.
• 김수현, 2021, 「일제강점기 음악통제와 애국창가 탄압사례」, 『한국음악사학보』 제66권.
• 노동은, 1989, 「일제하 음악사회의 성격」, 『낭만음악』 가을호, 제1권 제4호,
• 문경연, 2004, 「1920-30년대 대중문화와 『신여성』」, 『여성문학연구』 제12호.
• 문옥배, 2006, 「일제강점기 음악통제 관한 연구」, 『음악학』 제13호.
• ______, 2024, 「일제강점기 식민지배체계로서의 창가통제」, 『근대음악문화유산 창가집연구』, 경인문화사.
• 문옥배 · 이동수, 2024, 「금지곡의 금지사유와 검열기준의 변천 연구」, 『이화음악논집』 제28집 제3호.
• 문한별, 2022, 「일제강점 말기 경무국 도서과의 활동 방향과 검열의 흐름, 『우리어문연구』 제72집.

- 손지연, 2007, 「식민지 조선에서의 검열의 사상과 방법」, 『한국문학연구』 제32집.
- 송민호, 2014, 「대한제국시대 출판법의 제정과 출판검열의 법」, 『한국현대문학연구』 제43집.
- 심수경, 2019, 「근대 일본과 조선의 음반 검열 양상」, 『일어일문학연구』 제108집.
- 엄진주 · 문한별, 2015, 「일제강점기 조선과 대만의 음반 검열 대비 연구」, 『현대문학이론연구』 제63집.
- 이민주, 2011, 「일제시기 검열관들의 조선어 미디어와 검열업무에 대한 인식」, 『한국언론학보』 제55권 제1호.
- 이승희, 2010, 「식민지시대 흥행(장) 「취체규칙」의 문화전략과 역사적 추이」, 『상허학보』 제29집.
- 이준희, 2007, 「일제시대 음반검열 연구」, 『한국문화』 제39집.
- 이지선, 2009, 「중일전쟁 전후 일본의 음반검열에 관한 연구」, 『일본문화학보』 제43집.
- 정근식, 2005, 「일제하 검열기구와 겸열관의 변동」, 『대동문화연구』 제51집.
- ______, 2012, 「식민지검열과 '검열표준': 일본 및 대만과의 비교를 통하여」, 『대동문화연구』 제79집.
- ______, 2013, 「식민지 전시체제하에서의 검열과 선전 그리고 동원」, 『상허학보』 제38집
- 정근식 · 최경희, 2006, 「도서과의 설치와 일제 식민지출판경찰의 체계화: 1926-1929」, 『한국문학연구』 제30집.
- 정진석, 1998, 「해제: 일제의 탄압과 언론의 저항」, 『일제시대 민족지(民族紙) 압수기사모임 1』, LG상남언론재단.
- ______, 2004, 「언론통제 검열기구 총독부 경무국 도서과」, 『관훈저널』 겨울호, 통권 93호.
- 주맹하, 1994, 「일제의 공연예술정책 연구: 1920년대를 중심으로」, 동국대학교대학원 석사학위논문.
- 한기형, 2007, 「식민지 검열장의 성격과 근대 텍스트」, 『민족문학사연구』 제34권.

• ______, 2005, 「문화정치기 검열체제와 식민지 미디어」, 『대동문화연구』 제51권.
• ______, 2009, 「근대시가의 '불온성'과 식민지검열」, 『상허학보』 제25집.
• 한만수, 2002, 「식민지시대 출판자본을 통한 문학검열에 대하여」, 『국어국문학』 제131권.
• ______, 2006, 「1930년대 검열기준의 구성원리와 작동기제」, 『한국어문학연구』 제47집.
• ______, 2007, 「식민지시기 검열의 드러냄과 숨김」, 『배달말』 제41권.

찾아보기

일제침탈사 바로알기 35

일제의 노래검열, 식민지 조선을 통제하다

초판 1쇄 발행 2025년 12월 8일

지은이 문옥배
펴낸이 박지향
펴낸곳 동북아역사재단

등 록 제312-2004-050호(2004년 10월 18일)
주 소 서울시 서대문구 통일로 81 NH농협생명빌딩
전 화 02-2012-6065
홈페이지 www.nahf.or.kr
제작·인쇄 (주)동국문화

ISBN 979-11-7161-248-2 (04910)
978-89-6187-482-3 (세트)